《老谋子司马懿》作者秦涛又一作品

趣历史

那些耐人寻味的历史故事

秦涛◎著

中国法制出版社
CHINA LEGAL PUBLISHING HOUSE

序　言

读史的一个传统功能是致用，用之于己是为“明智”，用之于世是为“资治”。读史以明智，过去常常被庸俗化为权谋学。我近来读到一些历史故事，对这个问题有些新的感悟。

北宋名相寇准与张咏相别，问：“张先生有什么可以教导我的？”张咏慢条斯理地说：“《汉书·霍光传》，你该好好读一读。”寇准不明白张咏的意思，回来找出《汉书》，把《霍光传》逐字逐句读了一遍。读到临了，有这么一句话：“光不学亡术，暗于大理。”终于开悟，哈哈大笑：“原来张先生在暗讽我不学无术。”

张咏要寇准引以为戒的霍光，是西汉权臣。

此人是霍去病同父异母的弟弟，凭借这层关系，少年时代就在汉武帝身边工作。晚年的汉武帝残忍好杀，老婆、孩子、宰相、大臣，均不免于毒手。但霍光生性谨慎，一步一个脚印，位极人臣。汉武帝临终，将八岁的小儿子刘弗陵托付给霍光，让他效仿周公辅成王。汉武帝死后，刘弗陵即位，是为汉昭帝。此时的政权，当然在霍光手里。

汉昭帝二十一岁病死，没有子嗣。霍光从诸侯王中选择武帝的一个孙子，立为皇帝。但这个皇帝不受霍光摆布，很快被废。霍光又迎立武帝的曾孙刘病已，是为汉宣帝。霍光一生历仕四朝，翻云覆雨，立了两个皇帝，废了一个皇帝，掌控政权近二十年。他的结局怎样呢？史书用十个字："死才三年，宗族诛夷，哀哉！"霍光死后三年，满门抄斩，霍家死绝了，太惨了。

为什么？原因就是前面引的那句话："不学无术，暗于大理。"霍光不学无术，不明白大的道理。

霍光稍早，有一位名将周亚夫，史书对他的评价，与霍光近似。

周亚夫是将门虎子。他的父亲周勃是汉朝开国功臣，刘邦死后，又曾平定诸吕之乱。周亚夫的兵法更胜乃父。景帝时，东方七个诸侯国联合造反，半壁江山易帜，史称"七国之乱"。周亚夫带领军队，一手平定七国之乱。父子两代，三次有大功于汉朝。七国之乱平定以后，周亚夫在朝中风光无限。

但周亚夫结局如何？"不食五日，呕血而死。"在狱中绝食五天，吐血而死。原因何在？司马迁评价说："足己而不学，守节不逊，终以穷困。悲夫！"周亚夫感到自己的学识已经足够，不肯学习，尽管道德品质过硬，却不懂得处世的道理，最终落得如此下场。悲哀啊！

周亚夫不是最惨的。比周亚夫更早，有位叫嬴政的。

嬴政的前半生，史书称他为"秦王政"，扫灭六国，建立不世伟业；嬴政的后半生，史书称他为“始皇帝”，昏招迭出，身死国灭为天下笑。秦始皇的遗诏被篡改，尸体臭烂数月不得安葬，子孙互相残杀，一手创建的王朝二世而亡。他的一生，转折点何在？

西汉有位天才政论家贾谊，写了三篇《过秦论》，是检讨秦朝灭亡的大手笔。其中有一句要紧的话：“秦王足己不问，遂过而不变。”秦王嬴政感到自己的学识已经足够，不必再向人请教。于是他的过错，再也没有纠正的机会，只能一路走向灭亡。

与秦始皇形成鲜明对比的，是周武王。《汉书·五行志》记载，周武王灭商，从纣王的监狱中请出贤人箕子，“亲虚己而问焉”。周武王不因胜利而感到自足，而是虚心向箕子请教治国之道。

唐人司马贞为《史记·绛侯世家》作注释，将这个道理说得更透彻：“亚夫自以己之智谋足，而不虚己不学古人。”周亚夫感到自己的天赋足够，而不肯将自己放空，向古人学习。

这句话有两个要紧的地方。

第一，什么叫“虚”？《荀子·解蔽》的解释最精辟：“不以所已臧害所将受谓之虚。”不要用你已经有的东西（成见），去影响你即将接受的东西（新知），这就叫“虚”。

第二，学什么？学古人。寇准、霍光的“不学亡术”，周亚夫的“足己而不学”，秦始皇的“足己不问”，都是指不学古人。《史记·项羽列传》的评价是“奋其私智，而不师古”，项羽天资过人，但他只凭借个人的天资（私智），不肯师法古人，结果只能自刎乌江，也是一个典型的例子。

历史的悲剧反复重演，只因人性总是健忘。古人的书值得一读再读，只因人性亘古不变，不管人性中有闪光，抑或丑陋。

我从小学二年级读《三国演义》（当时目之为“史”）始，以这样的史观读了二十年史书。本科开始练笔，十年间写了不少习作。今天以学院派的眼光回顾，这样的读史可能并非读“史”，但于我自己确实受益匪浅。我想，大多数古人秉青灯、对黄卷，与历史文本彼我互动，借此明智明道、自娱自乐，其间情形，也大约与我青少年时代的经历相仿佛吧。

以今日之我，回看那时的我，读一点真假难辨的历史，竟能心惊肉跳，竟能大彻大悟，竟能古为今用，竟能扪虱言兵，虽尽可嘲之曰内心戏多，而少年情态，复可得乎？

2019 年 8 月 12 日

于渝北五斗斋

目录

Contents

世间万物道理相通，一招熟胜过百招会。从这一项爱好出发，真正玩到出神入化的境界时，就可以把人世间的一切道理融会贯通。伊尹把天下当作一道大菜，治大国若烹小鲜，这就是他的牛叉之处。

伊尹：食堂大厨的 CEO 之路

伊尹究竟是谁的孩子呢？我们可以大胆猜测，他是某个男贵族跟女奴隶的私生子。这个女奴隶既不能找上门让孩子认爹，又怕孩子被人发现从而遭到惩罚，所以只好含泪把他扔在桑树的树洞里面。因为她知道，明天早上会有采桑女们在这里劳动，也许还能保住孩子一条性命。

大惊小怪的女奴隶们把孩子交给监工，监工把孩子上呈给有莘王。有莘王不假思索做出了一个决定：“把这孩子交给厨子抚养吧。”

随着时间的流逝，具有贵族血统的伊尹，果然表现出不同凡响的烹饪天才。他没有像其他的厨师奴隶那样浑浑噩噩地做菜，而是不断探求厨艺的真谛。他拥有出类拔萃的嗅觉与味觉，拥有超一流的烹饪水准。《吕氏春秋·本味篇》记载，伊尹对于酸甜苦辣咸五味的调配，对于食材中添加水的质地与调配比例，对于不同木材和火候的掌控，都有独到的心得。

而且伊尹从不满足于制作传统的菜肴，而是经常推陈出新，把烹饪当作一项艺术和事业来做。根据史书记载，经过他手的食材有猩猩的嘴唇、大象的鼻子等等现代人难以想象的食材。

更令人不可思议的是，伊尹还将烹饪上升到了哲学的高度。他研究黄帝之道，将之应用到烹饪，又在烹饪中触类旁通，领悟出一整套治国安邦之术。

伊尹的厨艺，很快就闻名遐迩，一位名字叫汤的美食家被吸引来了。

汤是商国的王，他对有莘国进行了友好的国事访问，并在两国元首会谈时向有莘国王提出交涉：“你能不能把你的厨师伊尹送给我啊？”有莘国王委婉地表示了拒绝：“送给你了，谁给我做饭啊？”

汤是一位执着的美食家，誓要把名厨伊尹搞到手。一计不成又生一计，汤咬咬牙，决定牺牲色相：“要不这样吧，我娶你闺女，你看咋样？”有莘国王大喜过望：多少年了，我闺女可算能嫁出去了！

国王嫁女儿，当然要办得风风光光，嫁妆都是天底下最好的。古代公主出嫁，要有个“媵”，就是陪嫁的奴隶。有莘国最优秀的奴隶，当然是厨师伊尹。于是伊尹就陪着公主一块儿嫁过去了。

入洞房的晚上，公主喜滋滋地坐在床上等待俊俏的新郎官汤来揭开她的盖头。左等右等等不着，公主叫来左右一问才知道，汤钻到伊尹的房间里去了，两人聊得正嗨呢。公主哪里想得到，汤这招叫“买椟还珠”，公主这下彻底成了“还珠格格”。

伊尹才放下心来，给汤讲述天底下最好吃的东西：最美味的肉、最鲜美的鱼、最爽口的蔬菜、最上等的调料、最优秀的水、最醇美的粮食、最好吃的水果……

伊尹如果只是扯这些美食，他顶多在汤手下成为首席厨师长，将来也许还有机会成为天下厨师界的霸主。厨师界的霸主是什么？还是厨师。但是伊尹偷眼看到汤越听越入迷，就顺势话锋一转：“唉，可惜了，这些好东西你都吃不到啊！”

汤正听到兴头上，连忙问：“我怎么就吃不到？”

伊尹回答：“这些好东西，生长在天下各地。而大王您仅仅占据了一小块地方，犹如井底之蛙。咱们这个时代，市场经济还没有兴起，您上哪儿弄这些东西去？”

正被食欲闹得饥火中烧的汤，听到这番话，黯然失色。伊尹看看左右，压低声音说出了一句足以改变他的命运、更足以改变汤的命运的话：“除非……除非你成为天子！”

汤听到这话，犹如绝望的人捞到了救命稻草，立即来了兴趣。伊尹继续顺着说下去："要想成为天子，首先必须治理好国家。治理国家就和烹饪一样，要掌控好火候，调剂好各种食材的比例。君臣调和，才能怡然理顺，做出最上等的美味来。"

治国的理论，还能这么讲！美食家汤吃了半辈子美食，从来没有料到烹饪居然还能跟治国挂钩，大喜之下，想要重用伊尹。但是当时奴隶主与奴隶等级森严，要想破格提拔，谈何容易？汤只好先与伊尹保持名义上的主奴关系，等待时机再作打算。美食家汤与厨师伊尹，这对史上最诡异的君臣组合，为了能够尝到天底下最美味的食物这一崇高目标，开始了他们夺取天下的计划。

当时的天下，掌握在夏桀的手里。夏桀，历史上数一数二的暴君。他有一句名言："太阳啥时候完蛋，我就啥时候灭亡！"老百姓被这位太阳王气得不行，纷纷骂街："太阳快完蛋吧！我要跟你同归于尽！"

尽管民怨沸腾，但夏桀的军事力量实在强大。由美食家成功转型为阴谋家的汤，不清楚夏桀的底细。他找来伊尹，君臣二人安排了一出苦肉计。汤有一天吃饭的时候，突然大发雷霆："这菜怎么这么难吃？"伊尹漫不经心地回答："你爱吃不吃。"汤勃然大怒，顺手抄起弓箭，一箭射中伊尹。伊尹落荒而逃，跑到夏桀的领地哭诉。夏桀早就听说了伊尹天下第一名厨的名头，就把伊尹留在手下做菜。

伊尹表面上成了夏朝的厨师，真实身份则是一名间谍。由于深受夏桀的宠爱，伊尹以采购食料为名，在国内四处转悠。他有时候出现在军队里："军营附近长的蘑菇，是天底下最鲜美的蘑菇。"有时候出现在大内档案馆："档案馆柱子上长的木耳，是天底下最好吃的木耳。"间谍生涯持续了三年，伊尹对夏朝的一切情况了如指掌，于是逮了个机会，声称"夏、商边境线上的野兔子是最美味的野兔子"，跑出夏国，回到汤的身边。

伊尹建立奇功，回归商国。汤名正言顺地提拔伊尹为"右相"，把国政都托付给他。伊尹有了权力，便大显身手，治大国若烹小鲜，把商国治理得井井有条。商国的强大，引起了夏桀的不安。夏桀把汤召进朝中议事，扣押了汤。

一国无主，天下大乱。那些贵族们急得如热锅上的蚂蚁，纷纷把求助的目光投向了伊尹。伊尹在夏朝待了三年之久，对夏桀的脾性摸得再透彻不过。所谓量体裁衣、看菜吃饭，夏桀好哪一口，就给夏桀吃什么。伊尹找来国内最美丽的美女和最珍贵的珍宝，送给夏桀；同时又拿出重金贿赂夏桀身边的宠臣。夏桀得到美女和珍宝，哪里还在乎一个小小的汤、当即就把他无罪释放。

汤在监狱里憋了一肚子气，回到国内立即着手灭夏。经过若干年的战争，这对诡异的美食君臣终于消灭了夏朝，把整个天下夺取到手中，建立了商朝，得以享受天底下第一流的美食。而伊尹，也被拜为"阿衡"，即商朝的宰相，从而成了厨师界的一个不朽的传奇。

子曰："虽小道，必有可观者焉。"任何一项小特长、小爱好，都有其可取之处。《庄子·养生主》里的庖丁，只有一手杀牛的本领，当他真正修炼到一定程度，一样可以"技近乎道"，令人拍案惊呼。

没错，条条大路通罗马。从最擅长的爱好出发，不要管这爱好在旁人看来是多么的不靠谱、多么的浪费生命，只要能够做到以下三点，这个爱好也许可以成为最后成功的关键：

第一点，把这个爱好做到极致。

再正当的技能，如果泯然众人，一样不能带来任何好处；再不正经的业余爱好，只要能够做到极致，就可以成为成功的本钱。夏朝末年的厨师很多很多，只有伊尹一个人成了大臣，他不成功谁成功？

第二点，提升爱好的境界与层次。

世间万物道理相通，一招熟胜过百招会。从这一项爱好出发，真正玩到出神入化的境界时，就可以把人世间的一切道理融会贯通。伊尹把天下当作一道大菜，治大国若烹小鲜，这就是他的厉害之处。

第三点，立足于当下。

要做一些实实在在的事情；眼界要高，志当存高远。如果一个人的梦想只是做个好厨子，那努力的结果顶多也就是个好厨子而已；但伊尹的目标是宰相，所以他眼下做的虽然是厨师的工作，最后坐的却是宰相的位置。

根据史书记载，经过他手的食材有猩々的嘴唇，大象的鼻子……聊公手绘

综观刘焉一生，有两个特点。一个是迷信。当初他本是想到交趾避难，像士燮一样优游终世的。只因信了图谶之说，竟激起野心，去益州图谋雄业；又因迷信而与张鲁的母亲有了交往，从而亲手培植了雄踞汉中三十年的一方军阀；最后因迷信天火不吉利，一病不起郁郁而终。另一个是全靠政治经验积累的一些谋略，来进行自己的活动。所以他有时显得老到狠辣，有时又显得稚嫩可笑。

刘焉：西蜀的王气

刘焉，字君郎，江夏人。他是有据可查根正苗红的皇族后裔。他凭着自己的宗室身份，当上了中郎，又凭着自己的本事，从雒阳令到冀州刺史到南阳太守到宗正，最后爬到了太常这样的高位。太常，是九卿之一，掌管礼仪祭祀一类事情的。刘焉干这份工作干得太投入了，搞得自己相当迷信。在这个官位任职，影响了刘焉的一生。

太常是高位，已经属于东汉政府的权力核心。但同时这又实在是个清水衙门，无权无钱。刘焉目光如炬，看到了东汉政府垂垂危矣，于是开始为自己谋后路。他向朝廷上疏改刺史为州牧。东汉行政单位分郡县两级，大约相当于今天的地级市和县。在郡之上，又设了“州”作为监察区。刺史，是为了巩固中央集权而派去各州搞监察的，制约并监督着各地方实力派，让他们不要背离朝廷的路线。而州牧就不同了，是一州军政的绝对一把手，在地方上一手遮天，想怎么样都成。东汉政府同意这个建议，并非病急乱投医，实在是有点像晚清政府允许汉族地方武装势力壮大以镇压太平军的不得已。

不管刘焉的目的是什么，这份上疏无疑改变了东汉政府的命运，更为后来的统一造成了巨大的障碍。目前的效用，则似乎只是为许多人提供了在乱世闯荡的资本和机会。但热闹是别人的，刘焉什么也没有。因为他最初想谋的，是交州牧的位子。

交州在今天的两广，以及越南部分地区。广东，今天是中国大陆最发达的省份，在当时却还是蛮荒之地。刘焉选这样一个位子，纯属逃难性质。他大约是预见到即将来临的大战乱大灾难，能逃多远逃多远。幸好这个时候，有个董扶来求见。

董扶在《后汉书·方术列传》里有传记，说他是四川广汉人。既然是《方术列传》里的人物，自然是有些超人手段的。

他的本事是搞政治预言，《三国志》裴松之注引陈寿的另一本书《益部耆旧传》说他“究极图谶”。图谶就是当时的政治预言。董扶还会望气，说益州有天子气。前面说了，刘焉是个很迷信的人，于是改主意了，觉得还是去益州比较有前途。董扶的预言准不准呢？准。不过这天子气轮不到刘焉，而是轮到了刘备。正好这个时候黄巾军益州分舵在马相率领下造反，灵帝很生气，后果很严重。这后果便是让刘焉去益州。

于是刘焉上路，但没想到交通太不发达，道路堵塞了。于是刘焉从湖北绕，顺便观光旅游一下。这一绕绕了半年多，等他到益州的时候，已经有一位能干的从事贾龙打败了马相，并且打开大门迎刘焉。

刘焉白捡了个馅饼，欢欢喜喜上任，这以后的事情就全是情景喜剧了：一方面封赏了立功的贾龙，任作校尉；另一方面“徙治绵竹，抚纳离叛，务行宽惠”。旧情才展，又被新愁分了。现在摆在刘焉面前的，至少有两个问题：一、平衡内部派系；二、处理外部关系。

攘外必先安内。益州内部，有三派主要势力：一个是贾龙、任岐为代表的益州土著豪强的势力，一个是董扶、赵韪为代表的益州新兴豪强的势力，再一个是所谓“东州士”。《后汉书·刘焉传》说：“初，南阳、三辅民数万户流入益州……焉悉收以为众，名曰‘东州兵’。”这就是东州士的由来，其实这一派并不能十分代表相关利益集团。目前这派势力的存在，其全部意义就在于壮大刘焉的实力。至于到了刘璋时代帮着镇压分裂分子赵韪，那是后话。

所以问题就很明晰了：当贾龙帮和董扶帮发生矛盾，矛盾不可调和时，刘焉就必须站在其中一方。刘焉选的是董扶。理由有两个：第一，董扶是自己一手带来的班底；第二，董卓当时已经进京执政，而贾龙居然擅自对董卓做出了亲近的表示。

刘焉搞了一次有预谋的大清洗。

他首先“托他事杀州中豪强王咸、李权等十余人”，打草惊蛇逼贾龙做出反应。贾龙的反应是造反。刘焉准备很充分，不但严阵以待，而且联合了很能打的少数民族——青羌，将贾龙杀掉。

同时，刘焉还要想办法对付名存实亡的东汉政府。他想了个绝招，利用张鲁的五斗米道。

张鲁，字公祺，江苏人，出身教主世家。他爷爷叫张陵，从江苏跑到四川学道。毕业以后自己成立了个“天师道”，自己做教主。这个“天师道”，每个入会者都要上缴五斗米。因了这个规矩，天师道又被叫作“五斗米道”，其成员被政府叫作“米贼”，和张角的“蛾贼”相映成趣。张陵死了以后，他儿子张衡做教主；张衡死了以后，张鲁就是教主了。

张鲁的妈妈很会传教，并且可能长得很有几分成熟女人的风韵，可惜老公死得早，带着个小愣头青张鲁，只能慨叹晚妆知为谁红。这个成熟女人在一个满地黄花堆积的秋季认识了成功男人刘焉。从此两人便温柔乡醉芙蓉一帐春晓。刘焉嫌张鲁碍事，就让他做了督义司马，与张修一齐去攻打汉中。张鲁取了汉中，又把张修杀掉，于是自成一家，在此割据。同时又受了刘焉的命令，毁掉了入川的通路，把来往的使者一律杀掉，从此汉中就成了益州的北大门，张鲁替刘焉看守门户。刘焉导演完这一切，就心安理得地给董卓军政府写信，说益州和中央的联系被米贼切断了，不能再进贡了。

至此，刘焉在州里立定了脚跟，又和政府切断了联系，俨然已经是一方土皇帝了。他感到得意，就造了千余乘乘舆车具，就是皇帝御用的车子，自己偷偷过皇帝瘾。这个行为很猥琐，与他先前的雄才大略甚不相符，以至于荆州的刘表上疏检举揭发。

刘表这个举动也很有意思，就好像刚上大学的愣头青上课举手打小报告说我同桌在抽屉里看课外书。这个举动搞得被检举的同学很尴尬，老师也很尴尬。尴尬的东汉政府派了个使者去谴责刘焉。这个使者叫刘璋，刘焉的小儿子。

刘焉来益州上任的时候，四个儿子中三个被扣押下来做人质，只一个长子刘瑁带在身边。现在政府遣还一个，刘焉自然很高兴，把刘璋留下。这时候政府又换届了，董卓死了，他的部曲李傕、郭汜打进长安建立政府。西边马腾不安分，又起兵犯长安。一直窝在成都不肯参与集体行动的刘焉这时候心血来潮，派了一支军队配合马腾进攻长安。同时让自己在长安继续做人质的两个儿子内应。

结果是，马腾很不争气地输掉了。两个儿子很争气地宁死不屈掉了。又赶上一个晴天霹雳打下来，居然把刘焉先前造的若干辆车子烧掉了。面对这一连串的打击，刘焉心理没能承受得了，进而发作为背上长东西，于是病死。我们可以这样想象，刘焉躺在榻上，只感觉惆怅旧欢如梦，觉来无处追寻。星星向他眨着眼睛，他感到很神奇。在这片光怪陆离的星光之中，刘焉死了。

这个时候是汉献帝兴平元年（公元 194 年），刘焉来蜀的第七个年头。

综观刘焉一生，有两个特点。一个是迷信。当初他本是想到交趾避难，像士燮一样优游终世的。只因信了图谶之说，竟激起野心，去益州图谋雄业；又因迷信而与张鲁的母亲有了交往，从而亲手培植了雄踞汉中三十年的一方军阀；最后因迷信天火不吉利，一病不起郁郁而终。另一个是全靠政治经验积累的一些谋略，来进行自己的活动。所以他有时显得老到狠辣，有时又显得稚嫩可笑。他和后来的曹操、刘备、孙权的差别就在于，他是在和平年代成长起来的一个老到的政客，而不是在战乱中搏出来的一代枭雄。

《道德经》曰："自知者明。"说起来容易做起来难，真正能够认清自己的人少之又少。所以德尔菲神庙的门楣上才刻着亘古不变的一大课题——"认识你自己"。张仪在遭遇各种挫折之后，依然能够对自己的能力保持清醒的认识，不因为别人的否定而有丝毫怀疑。《庄子》所谓"举世非之而不加沮"，有时候最后一次失败与即将到来的成功仅仅一步之遥，正是这种精神支撑着张仪坚持到了成功。

张仪：口才改变命运

苏秦在游说各国失败、处于人生最低谷的时候，苦读《阴符经》长达一年，最后得出了二字真言：揣摩。

揣摩对方的想法，将心比心。对方想要什么，你就口头上给什么，同时以你所想要的作为交易条件，这就是揣摩的精髓所在。其实张仪最拉风的外交战果——欺骗楚怀王，就充分展现了“揣摩”的威力。本文里面没有讲解，您若有兴趣可以找《史记·张仪列传》作个拓展阅读。好吧，言归正传，下面就是张仪靠口才发迹的案例。

张仪家穷得叮当响。没有办法，穷则思变。张仪砸锅卖铁，拿出最后的一点点积蓄，当作学费交给老师，跟随鬼谷子学习。鬼谷子教苏秦、张仪的，则是纵横术。

什么叫纵横术呢？简单来讲，就是外交手段，包括外交的策略与口才训练。苏秦、张仪师兄弟，尽得鬼谷子真传，顺利通过了毕业答辩，拿到了毕业证书，踏上了漫漫求职路。

苏秦家境比较富裕，因此他志向也比较高远。当时天下分为七国，西方的秦国最强大。苏秦跑到秦国，找到秦国 CEO 参加面试，表示：“我想在贵公司谋得一个职位。”秦国 CEO 对苏秦的简历和面试表现都不满意，苏秦气得够呛，发誓要联合东方六国消灭秦国。于是他改变了求职策略：与其在大公司做小职员，不如在小公司做高管。苏秦游说东方六国，顺利将这六个小公司联合起来成立了一个“企业联盟”，抢占天下市场，对秦国构成了强有力的威胁。东方六国的国君，乐得在幕后当董事，于是一起把苏秦推到前台，担任六大公司的总 CEO。

张仪在大学毕业以后，拿着导师鬼谷子的介绍信到处乱跑，终于在南方的楚国谋得了一份小职员的工作，工资虽然不高，但也能养活一家老小，比起以前吃了上顿没下顿的生活可是强太多了。于是张仪乐呵呵地努力工作。

老天爷是不会让身怀绝学的人自甘堕落的。有一天，公司开 party。酒足饭饱，楚国的令尹昭阳拿出一块最近购入的珍贵玉璧，给大家鉴赏。小职员们哪见过这么高级的奢侈品，从这个人传到那个人，纷纷啧啧称奇。

不幸的事情发生了：玉璧传到最后，传没了！

昭阳勃然大怒：没想到我堂堂令尹的属下，居然还有梁上君子！谁拿的，给我交出来！

这些小白领哪会承认是自己拿的？大家互相猜测，最后一起把目光集中到张仪身上。

昭阳勒令张仪交出玉璧。张仪压根儿都没瞧见过这块玉璧，当然不肯承认。昭阳喝令家丁给张仪搜身，没有搜到。昭阳恼羞成怒：“给我打！打死他！”

张仪一向嘴上不积德，这些家丁平时没少受他挖苦讥讽，这时候逮到机会，个个都往死里下重手。可怜张仪差点儿搭上了性命。

昭阳也不想弄出人命来，看打得差不多了，就让家丁住手。只见满地都是血迹和打落的牙齿，张仪蜷曲在地上，奄奄一息。

张仪的老婆得到消息，含着泪把张仪接回家去。她边给张仪上药，边呜呜地哭：“咱们原先男耕女织的生活不是过得挺好嘛！怎么会受到这样的污辱”。张仪转过脸对张太太张开嘴：“老婆，你看我舌头还在吗？”张太太听到这话，又好气又好笑：“你被打昏头了吧？舌头要是不在了，怎么还会讲话？”张仪微微一笑：“好了，舌头在就行。”

只要三寸之舌尚存，我张仪就能游说天下，得高官厚禄如探囊取物！

话虽然放出去了，但是毕竟求职无门。而且又有被楚国开除的不良记录，张仪的求职路越来越艰难。就在这时，有人提醒张仪：“你师兄苏秦不是正担任六国联盟的总 CEO 吗？凭你俩那么铁的关系，他还不得给你弄个一官半职的？”

一语惊醒梦中人。张仪连忙收拾行装，来找苏秦。

张仪赶到当时六国联盟的总部——赵国，看到了苏秦的办公大楼，那叫一个金碧辉煌，真气派！凭着我张仪的本事，怎么着也能在这里面得到一间办公室吧？张仪兴致勃勃地往里闯，被保安拦住了。

保安横眉瞪眼：“你这个人怎么回事？这是你来的地方吗？”

张仪：“我来找苏秦。”

保安上下打量一番张仪：“你找我们苏总？有没有预约？”

张仪：“没有……”

保安皱皱眉头：“你等等。”于是找到苏秦的秘书，问苏总最近的安排。苏秦的秘书回答：“苏总说了，这人的确是他的同学。但他最近几天没有空，让张先生等待几天再说。”

张仪没有办法，只好住在附近最廉价的小旅馆里。但他一想到见到苏秦之后就能飞黄腾达，就有了动力。

连续登门十几天之后，苏秦终于同意安排一次简单的宴会，接见张仪。见面之前，秘书特意提醒张仪："我们苏总很忙，希望你控制好时间。"

见面之后，张仪才发现：这次苏秦同时要接见好几十号求职者。张仪决定赶紧上去跟苏秦套套近乎，打击一下这些竞争对手。他热情洋溢地跑到苏秦的桌前，大声地喊："师兄，别来无恙？"苏秦见到张仪，一怔，随即厌恶地掩住鼻子，用目光示意秘书。秘书上前来提醒张仪："张先生，您的座位在那边。"张仪顺着秘书手指的方向一看，宴会厅的角落里摆了一张最不起眼的桌子，桌上摆了一份廉价的快餐，完全无法与其他求职者桌上的大鱼大肉相比。

张仪咽了口气，默默回到桌边吃快餐。苏秦跟各位求职者觥筹交错，喝得酩酊大醉，来到张仪的桌前，语含讥讽："张仪啊，以你的才能，居然沦落到这个地步！你看看我，现在穿金戴银、吃香喝辣；再看看你，觍着脸来求我。就算我肯收留你，你自己能过得了自己这一关吗？"

张仪的自尊心受挫到了极致，勃然大怒，摔下碗筷拔腿而去。

苏秦的一席话，终于把张仪骂醒了。我张仪同样是堂堂七尺男儿，当年在老师门下并不比你苏秦差，凭什么无端受你侮辱？大丈夫不能靠同学关系来求得职位，而应该靠自己的实力。我张仪发誓，总有一天要与你苏秦平起平坐，把赵国、楚国、东方六国都踩在脚下！

志向大爆发之后，张仪冷静下来，分析前途问题：东方六国既然已经不能待了，那么唯有前往最强大的秦国。但是，秦国作为天下最牛的大公司，连苏秦都无法在其中谋得一席之地，会收留我这个有两次不良求职记录的人吗？

答案是：当然会！

秦国已经不再是当年苏秦求职时的秦国了。首先，秦国当年放跑苏秦，早就悔青了肠子，因此及时调整了人才引进计划，对于人才求贤若渴。其次，苏秦在六国大搞合纵，联合对付秦国，秦国虽然强大，但也在国际关系中左支右绌，疲于应付，转而成了弱势。弱势的秦国，当然会比强势的东方六国联盟，更需要人才，人才也更容易出头。

现在的唯一问题是：张仪已经穷得叮当响，身无分文了。此去秦国，路途遥远，没有盘缠可怎么办？一分钱难倒英雄汉啊！

就在张仪一筹莫展之际，有个神秘的人物，自称赵国商人，要去秦国办事，与张仪结伴同行。一路上，赵商对张仪关怀备至，大把的金银拿给张仪用，从来不求回报。到了秦国，赵商又为张仪打点上下关系，使张仪得以直接面见秦王。

张仪从毕业起一直郁郁不得志至今，所欠缺的只是一个机会。金麟岂是池中物？一旦得以面见秦王，张仪立马施展起他的三寸不烂之舌，得到了客卿的职位。

张仪受辱数年，终于一朝扬眉吐气。有恩的报恩，有仇的报仇，首先决定好好答谢赵国商人。没料到赵国商人做好事不求回报，已经在打算启程回国了。张仪十分诧异，问：“凭我现在手中的职权，让你荣华富贵不在话下。我正打算好好报答你，你怎么要走？”

赵商回答：“其实我是苏秦先生的手下。苏秦担心您贪图小利而不思进取，所以故意当众侮辱您以激发您的斗志，然后又嘱咐我一路跟随协助您取得成功。现在我的任务完成了，要回去向苏秦汇报。”

张仪至此如梦方醒，发誓：“我保证：只要师兄活着一天，我张仪就绝不东犯六国！”

报恩已毕，张仪要报仇。他以政府公文的形式，知会楚相昭阳：“我没偷你的玉璧，你却诬赖我，还将我打得死去活来。希望你好好看守你的国家，我张仪虽然不偷玉璧，但是要偷光你的国土、偷尽你的城池！”

苏秦死后，张仪果然在国际舞台大展拳脚，狠狠教训了楚国，他本人也位至秦相，成为天底下权势最大的人。

张仪从一个贫寒子弟起家，不甘于和祖祖辈辈一样在乡下耕作，而坚信“知识改变命运”，砸锅卖铁供自己上大学，这种不自甘贫困的奋斗精神是他成功的前提。

张仪求职坎坷，也是天将降大任的先兆。设想，假如张仪在楚国没有遭遇昭阳的殴打，在赵国没有遭遇苏秦的羞辱，那他大概就会为眼前的小利牢牢套住，庸庸碌碌度过一生。而在遭遇到常人所难以忍受的肉体和精神双重伤害时，张仪有两样东西使他坚持走向成功：

第一，苦中作乐的乐观心态。

张仪在被打掉半条命时，仍然能够保持幽默。而幽默感，正是一个人胸襟博大的体现。正是这种随时拥有的幽默感，给张仪困苦潦倒的生活添加了润滑剂。有的人，失败之后只会抱怨、发牢骚，迁怒家人；而张仪失败之后则依然能够自我解嘲，给家人带去欢乐。这就是成功人士的境界。

第二，对自己才能的绝对自信。

《道德经》曰："自知者明。"说来容易做起来难，真正能够认清自己的人少之又少。所以德尔菲神庙的门楣上才刻着亘古不变的一大课题——"认识你自己"。张仪在遭遇各种挫折之后，依然能够对自己的能力保持清醒的认识，不因为别人的否定而有丝毫怀疑。《庄子》所谓"举世非之而不加沮"，有时候最后一次失败与即将到来的成功仅仅一步之遥，正是这种精神支撑着张仪坚持到了成功。

所以，假如生活欺骗了你，不要悲伤，不要心急，中气十足地问一句："老婆，我的舌头还在吗？"

张仪烦得没辙了，转过脸
对张太太张开嘴：「老婆，
你看我舌头还在吗？」
聊公手绘
张仪
张太
啊~~

今日吴地方言还有“戇”这个词，是傻瓜的意思，不知道董卓怎么会这样说。但孙坚这样的人，确实会被会盟酸枣的衮衮诸公看作傻瓜。而这样能作为敢担当不被糖衣炮弹腐蚀的傻瓜，正是越多越好。而酸枣的诸公，却也不过是群庸人，抱着幸灾乐祸的态度，看曹操、孙坚这样的“戇大”怎么倒霉罢了。

孙坚：这个小伙有点戇

孙坚，字文台，吴郡富春人。作史的为他扯了个兵法家孙武作为祖先。同样的，曹操有个曹参做祖先，刘备则是“孝景帝阁下玄孙、中山靖王之后也”。这种事情，在还没有破除血统论的古代社会不足为怪。

吴国后来的史官韦昭作了一本《吴书》，说孙坚“世仕吴”，也很靠不住。陈寿没有用这段材料，而是在文末的评论里说了一句“孤微发迹”，算是反驳。所以说，陈志简则简矣，却都是经过甄选的，比后世有些“秽史”高明了不知多少倍。

孙坚在长到十七岁的时候，用计吓退了海盗而被任为“假尉”。假尉是代县官办公的，并且可以分领到县官一部分薪水。孙坚十八岁，宁波有个叫许昌的，祖孙三代一起造反，孙坚以郡司马的身份，招募了一千多个精壮，把许昌的一万多人全部讨平。

孙坚并没有什么特殊的家庭背景，但却有本事在二十岁左右娶了才貌双全又是名门望族的吴家大小姐做妻子，实在是好福气。而这位吴小姐也争气，为孙坚诞下了四个儿子，个个是英雄。

黄巾起义以后，孙坚带着乡里愿意建功立业志在四方的好男儿，以及在淮、泗一带召集的精兵，跟在朱儁麾下，去闯荡属于自己的梦想。孙坚临走之前，把家搬到庐江。在这里，他十岁出头的大儿子孙策，结识了同样是十岁出头的小伙伴周瑜。他们玩得很好，并且结拜了兄弟。

这种结拜，在孙坚看来不过是小孩子的过家家。他带着这群满怀梦想的年轻人，踏上了乱世的征途。他们在宛城冲锋陷阵，率先登上城墙；他们转战凉州，出生入死克敌制胜……

壮士百战死，将军十年归。史家的笔墨永远只舍得给予功成而归的将军，却忽略了百战身死的壮士。而我们，则有自由也有工夫多分一点镜头来祭奠那在乱世不知为谁而死的年轻人——他们不过和我们相同年岁罢了!

百战而回的孙坚来不及喘口气，就被调到长沙担任太守，因为这里有个叫区星的人聚了万把人在造反。孙坚到郡，花了不到一个月就把他打下去。同时挨着长沙的零陵、桂阳也在闹匪，孙坚同样出兵去打，廓清了整个湖南地区。

孙坚的能力固然高超，魄力与责任感更令人敬佩。在孙坚出兵零、桂前，他的秘书长劝谏，说越界征讨是越权。孙坚回应说:“我孙某人本来就是个粗人，只知道打仗消灭土匪让老百姓过安稳日子。如果这也算错，那我宁愿一错再错!”于是毅然出兵。当时的官员，能像孙坚这般有作为敢担当的，实在太少太少;而像董卓这般乱作为，不要命更不要脸的，又实在太多太多。而当孙坚遇上董卓，那便注定是一场好戏。

孙坚第一次与董卓的交锋，是在凉州军营。孙坚劝张温杀董卓，没被采纳。如今，两位不可一世的枭雄，已经不再在别人手下做马仔，终于可以面对面靠实力一决高下了——曹操在陈留首倡义军，天下诸侯会猎酸枣。

孙坚响应曹操的号召，带兵行进到离鲁阳不远的梁县，遭遇董卓部下中最能打的徐荣。双方一场恶战，孙坚惨败，那位颍川太守李旻被徐荣活捉去煮了，而被俘虏的士兵则被徐荣“以布缠裹，倒立于地，热膏灌杀之”。到了下一年初平二年（公元191年），孙坚才恢复过元气来，发挥屡败屡战的精神，又把部队开到梁县的阳人聚，遭遇了董卓派来的大将胡轸和副将吕布。

胡轸和吕布关系一向不好，这次出发前更是放出狠话来："我这次出战，一定要杀掉一个青绶来整肃军纪！""青绶"是青色的绶带，是二千石的官员佩戴的。而这支军队中二千石的官员只有胡轸和吕布。胡轸是不会自杀的，所以这话明摆着是对吕布说的。吕布时任骑都尉，是"二千石"的武官。吕布头脑固然简单，这层道理却还想得通，惊惶失措之下，便故意给胡轸捣乱。孙坚利用了两人的矛盾，把胡、吕的军队打败，并且杀掉了一位都督华雄。《三国演义》把华雄的人头记在关老爷的账上。"都督"是东汉末年新出来的官职。读过《三国演义》的都牢记有一位东吴水军大都督周瑜，便以为都督是顶大的官，其实不然。都督刚出来时只是寻常武官，偏稗将校，如这里的华雄。到魏晋以后才出现为一军元帅或军区司令。至于周瑜，最后的官职不过是"领南郡太守行偏将军"，并不比现在的孙坚大。

这时有人给袁术献谣言，竟让袁术不再给孙坚发粮食。孙坚星夜由前线赶回，质问袁术："我在前线把脑袋别在裤腰里打仗，并不是因为我和董卓有什么私人恩怨。往大了说是保全社稷，往小了说是为你一家老小报仇。你现在不发粮草，是什么意思？"原来董卓在袁家兄弟离京不久，便把他们的一位叔叔袁隗一门二十几口人杀掉了。袁术自然说不出话来，就老实道歉，重新供应粮食。孙坚又把军队往前挺进。

董卓一计不成又生一计。他派了部下李傕来和孙坚和亲，并且让孙坚自己把在各地当官的亲戚列出一个名单来，表示愿意继续任用并提拔他们。枉董卓在西北和孙坚共事那么久，竟把孙坚想成一个为私利而打仗的小人。孙坚自然对此嗤之以鼻，只顾将军队往前开到离洛阳不足九十里。

董卓只好亲自带了兵来和孙坚打，竟也不是对手，便没办法，留了吕布做掩护，自己往长安跑去。孙坚兵贵神速，不但进了洛阳，把吕布打跑，替皇帝打扫了列祖列宗的陵墓，安顿了洛阳民心，另一方面派出军队出函谷关拦截董卓的后路，把董卓搞得进退维谷。董卓留了董越、段煨、牛辅把守住三处隘口，并留下一句话："关东的那些诸侯除了打败仗没有其他本事。只有孙坚小戆，你们提防着点。"于是逃往长安。

今日吴地方言还有"戆"这个词，是傻瓜的意思，不知道董卓怎么会这样说。但孙坚这样的人，确实会被会盟酸枣的衮衮诸公看作傻瓜。而这样能作为敢担当不被糖衣炮弹腐蚀的傻瓜，正是越多越好。而酸枣的诸公，却也不过是群庸人，抱着幸灾乐祸的态度，看曹操、孙坚这样的"戆大"怎么倒霉罢了。若是换了比庸人更等而下之的小人，对于这样坏了他们赖以生存的潜规则的傻瓜，恐怕便要群起而灭之了。

然而十一路庸人中的霸主袁绍绝不是一般意义上的庸人，当他看不到孙坚的好戏时，便开始行动了。他派了一位会稽大族子弟周禺来担任豫州刺史，仿佛他并不知道孙坚已经在这个位子上了一般。来自敌人的明枪，孙坚有本事一一挡还；来自友军的暗箭，孙坚却没有办法。这个时候，有了袁绍的带头，同盟已经趋于破裂：刘岱杀掉了友军桥瑁，而袁绍则取了友军韩馥的地盘。孙坚只好长叹一声，带兵回去守豫州。

孙坚北伐，功败垂成，然而却并非没有效果。效果之一是逼走了董卓，从此关东、关西的故事不得不暂时分开记叙，直到曹操迎还献帝；效果之二，便是为袁术、刘表提供了割据的资本，造就了长江沿线的两个大军阀，而这两个军阀竟决定了孙坚的归宿，也对孙氏立国江东产生了莫大的影响。

范雎的前半生，只见聪明，不见智慧。有聪明而无智慧，正是他惨遭杀身之祸的真正原因。范雎的后半生，既有聪明，更有智慧。有聪明又有智慧，正是他飞黄腾达报仇雪恨的关键所在。

范雎：九死一生的狼性竞争

古今中外，有很多仕途经历非常传奇的人；而如果把这些人集中到一起做成一个“仕途传奇排行榜”，那排名第一的毫无疑问是范雎，或者说张禄。

范雎和张禄并列第一？

不。范雎和张禄是同一个人。他之前叫范雎，后来叫张禄。

范雎，战国时期魏国的非著名穷光蛋一个。但是他可并不这么看自己。范雎自认为：我拥有这个时代最好使的脑瓜子和最能讲的嘴巴，所以获取富贵是迟早的事情，我现在属于捧着金饭碗要饭！

范雎捧着金饭碗，想找魏王求职。但是魏王何等尊贵，岂是你一个穷光蛋想见就见的？于是范雎退而求其次，到中大夫须贾家谋职。

毛遂有句名言："我之所以不能脱颖而出，是因为没人把我这把锋利的锥子放进口袋里。"拥有本时代最优秀脑瓜和嘴巴的范雎，所欠缺的只是一个机会。机会很快来了：须贾奉魏王之命出使齐国，他带上了范雎作为随从。

范雎得到机会，有点儿得意忘形找不着北。须贾拜访齐王时，范雎居然踊跃发言，将他杰出的口才发挥得淋漓尽致，深得齐王欣赏，赏赐范雎黄金十斤，外加丰盛的美食。

本次出访的大使须贾，被冷落在一个角落里，看着聚光灯下的范雎大出风头，气得脸都绿了。

须贾要让范雎为他的不知收敛，付出生命的代价。

须贾气鼓鼓地回到国内，把事情添油加醋地汇报给丞相魏齐："大人，范雎这小子收受齐王贿赂，里通外国！"魏齐也是个没脑子的人，勃然大怒，吩咐召开一次宴会，要公开杀杀范雎的威风。

范雎哪里知道这次宴会是陷阱？哼着小曲儿，溜达到了相府。刚落座，发现气氛不对。参加本次宴会的，都是之前出使齐国的使节团成员，个个脸上杀气腾腾，一副磨刀霍霍向猪羊的模样。宴会主人魏齐喝令左右："给我把这个通敌卖国的叛徒拿下！打！”

左右如狼似虎一拥而上，操起棍棒一通乱打。范雎被打得莫名其妙，发出一阵阵凄厉的惨叫。魏齐这才满意地致祝酒词：“各位，有此场景下酒，须开怀畅饮，不醉不归！”须贾和使节团的其他成员这叫一个解恨呀：让你小子乱出头！出头的椽子先烂！

家丁们疯狂地打着范雎，宾客们开心地喝着小酒。范雎一开始还嗷嗷惨叫，后来叫声越来越弱，到最后彻底没有了声息，只听到板子棍棒重重砸在身躯之上的沉闷响声。

施刑的家丁实在打不下去了，便屁颠屁颠跑来请示魏齐：“相爷，范雎没动静了，可能死了，还打不打？”魏齐早已经喝得酩酊大醉，摆摆手：“停！验一验，死了没。”

众家丁散开，范雎躺在血泊之中，浑身上下没有一处好肉，衣服都被血洇透了，牙齿几乎全部掉落，肋骨也大量折断，看来是活不成了。一名家丁上来探了探鼻息，宣布了范雎的死亡。

在魏齐眼里，范雎死了和一条狗死了要说有什么区别的话，那可能是爱犬死了会让人心疼一些。魏齐喷着酒气大喊：“用席子裹上，扔到厕所里去！”

范雎的尸体，被席子裹起，扔进了相府的厕所。看厕所的老头儿早就对这样的事情见怪不怪，都懒得瞥尸体一眼。宾客三三两两地来出恭，解开腰带就朝尸体上肆意地排泄。

死绝多时的范雎淋了尿液之后，居然悠悠醒转过来。这在今天的医学上，叫作“假死”现象，在古代，只能叫复活。

尸体一动弹，把看厕所的老头儿吓了一跳：扔进厕所的尸体也见过不少了，诈尸还是头一回近距离目击。

老头儿正要逃跑喊人，却被范雎喊住了："大爷，你救我一命，把我送去我朋友郑安平家里，我这几年的积蓄全是你的！"

老头儿跑到魏齐跟前汇报："相爷，厕所里的死尸把出水口都堵住了，又脏又臭。我去把他处理了吧？"魏齐早就醉得丧失基本的判断能力了，自然点头同意。

老头儿把范雎拖出厕所，送到郑安平家。范雎也不食言，把自己的全部财产拿出来答谢老头儿。从此范雎隐居在郑安平家，接受治疗，慢慢康复。

范雎挨了这顿打，好似脱胎换骨。他终于明白了，做人不可太张扬，低调做人、高调做事才是为官之本。为了表示与过去的自己一刀两断、重新做人，当然也为了防止被魏齐、须贾发现自己还没死，范雎做出了一个郑重的决定：改名张禄。

张扬高调的范雎死了，从此世界上多了一个沉稳低调的张禄。

但是张禄咽不下这口气，他要荣华富贵，要出人头地，要位极人臣，要让曾经欺负过他的人死无葬身之地！实现穷小子张禄梦想的最好地方，莫过于当时淘金者和冒险家的乐园——秦国。

问题在于，张禄现在已经成了一个黑户口，怎么才能逃出这四面设卡、守卫森严的魏国呢？

张禄不愧有天底下最好使的脑瓜。他得知，最近秦国使者王稽正在出使魏国，就嘱咐郑安平去接近王稽。

王稽出使魏国，带的随行人员不够，所以最近正在招募打杂工。郑安平应征，被录用，于是在王稽手下认真劳动。一段时间下来，王稽发现这个打杂工绝非等闲之辈。王稽此次来魏国，肩负了秦王交付的一个秘密使命：挖掘人才。所以，王稽其实是秦国派来魏国的一个猎头。王稽对魏国人才分布并不熟悉，于是有一天跟打杂工郑安平闲聊："你们魏国有没有什么人才？"

郑安平一听这话，老泪纵横：我辛辛苦苦给你打杂这么多天，等的就是这句话啊！于是赶紧回答："我家有位张禄先生，有经天纬地之才。只是他跟人结仇，白天不敢出门，是个夜猫子。"王稽一听："这样啊，那今晚你加个班，把他一块儿带过来见见我。"

晚上，王稽秘密接待张禄，对张禄进行了一场简单的初步面试。张禄自然不肯放过这个机会，举凡天下大势、天文地理、兵法纵横，聊得天花乱坠。王稽也算见过大世面的人，但何曾遇到张禄这等人才？连忙说："张先生，某月某日你在边境某处等我，我带你一块儿去秦国。"

张禄回家幸福地等待。终于到了约定的当天，张禄在边境某处果然等到了王稽使节团回国的车队。张禄混入使者中间，顺利通过了魏国的边境，进入了秦国。久在樊笼里，复得返自然。海阔凭鱼跃，天高任鸟飞。张禄这只笼中鸟，势将一飞冲天！

其实，张禄的历险记才刚刚开始。车队进入秦国，张禄一生中最危险的敌人，也已经在前方慢慢接近。

来者，乃是秦国当前权势最大的天字第一号人物：丞相魏冉。

魏冉，当今太后的弟弟，秦王的舅舅，拜为丞相，受封穰侯。在秦国，魏冉家族呼风唤雨、势大滔天。张禄对此人早有耳闻，今天突然看到前方一列规模极其盛大的鲜车怒马款款而来，当即心生警惕，问王稽："来者何人？"王稽答："穰侯魏冉。"张禄连忙说："把我藏在车里。"

魏冉缓缓接近，见到王稽，停下马来打了个招呼。他眯起眼睛，慢慢巡视使节团，发现没有陌生的面孔，这才问："东方六国，最近有没有大的动向？"王稽恭恭敬敬回答："没有。"魏冉又问："你这次应该没有带外国人回来吧？这些人，只会扰乱视听，于国无益。"王稽赶紧说："不敢。"

魏冉又瞥了一眼车厢，想了想，驱马离去。

王稽出了一身冷汗，刚要舒口气，范雎又从车里爬出来："魏冉待会儿肯定要派人来搜车厢，我还是骑马吧。"

王稽车队走出十几里，远处果然烟尘滚滚，杀来一队骑兵："我等奉丞相之令，前来搜查车队，请大人配合。"王稽无奈地拱拱手，骑兵们打开所有车厢，一阵乱翻乱找，没有发现什么可疑的人，扬长而去。

丞相魏冉与草民张禄的第一回合交手，以张禄完胜而告终。

王稽进入咸阳，立即向秦王汇报：此行得到牛人一个，魏国张禄是也，请大王重用！

秦王给出的反应是：寡人知道了，安排张先生在招待所住下吧。

王稽无奈，只好抱歉地先安排张禄住下。但是，张禄敏锐地察觉到：秦王有心事！而且这个心事，恐怕不是别人，正是他的亲舅舅——魏冉！

既来之，则安之。张禄在招待所住了一年多。这一年多，张禄可没有闲着，他四出了解秦国的情况，搞清楚秦国的官场格局和政治动向。对一切都了然于心之后，张禄写了一封上疏，委托王稽交给秦王。大致内容如下。

秦王：你好！

有些话，我在信里不好明讲，但是我知道你的心意，想当面聊聊。如果我聊的内容不中听，请你杀我头以谢天下。

张禄

某月某日

天底下怎么会有这么充满悬念的信啊！秦王像看悬疑小说一样，被吊足了胃口，立即宣布：召见张禄！

张禄进入宫中等候。过了不多久，宦官用尖利的嗓音叫道：“大王来了！”张禄偷眼看见秦王过来，故意放声大喊：“秦国哪有大王？只有太后和穰侯罢了！”秦王听在耳中，打了个激灵，把张禄带进密室，屏退左右，问："先生有什么要告诉寡人的吗？"

张禄一介草民，此时居然与秦国最尊贵的人独处一室，而这个人完全有实力给张禄想要的一切，无论高官厚爵还是富贵荣华。但是着急的人，不是张禄，反而是秦王。眼看着秦王急不可耐的表情，张禄故意卖关子，势要把悬念保留到底。他漫不经心地回答："嗯嗯，是啊，是啊。"

秦王纳闷：我没说清楚？还是不够谦恭？于是挺起身子，问道："先生，您有什么要赐教寡人的吗？"

"嗯嗯，是啊，是啊。"

秦王火了："你到底想干什么？！"

张禄这才掏心窝子："古人云：疏不间亲。我张禄，草民一个。下面要讲的话，涉及您的母亲和舅舅，万一有什么说错的，小的要身首异处。"

秦王拍胸脯保证："你说的话，出君之口，入寡人之耳，绝对不会有第三个人知道，寡人恕你无罪。"

张禄斟酌了一下，决定还是先不谈秦王的家事，而是从军事、外交方面谈起。他说："现在秦国的军事战略，是越过中间的韩国、魏国而攻打远在东方的齐国。就算把齐国打下来，秦、齐不接壤，所得到的土地只会成为穰侯的封地，落入魏冉的私囊。不如远交齐国，近攻韩魏，以扩张领土！"

秦王听到这话，茅塞顿开，当即拜张禄为客卿。

秦王使用张禄"远交近攻"的策略，开疆拓土，势力节节向东推进。张禄功劳卓著，在秦国站稳了脚跟。这时候，张禄才向秦王进言清除太后的势力，两人合力扳倒了魏冉。魏冉一倒台，张禄顺理成章成为秦国的丞相。

一朝权在手，便把仇来报。这年冬天，张禄撺掇秦王疯狂进攻魏国，魏国终于顶不住了，派使节团前来求饶。使节团的团长不是别人，正是须贾。张禄听说此事，便穿了一身破棉袄，在须贾的必经之路上等待。

须贾愁眉苦脸来到秦国，心知这个差事很难做。他走着走着，忽然发现一张熟悉的面孔："这不是范雎吗？"

只见范雎蹲在地上，紧着一身破棉袄，在寒风中瑟瑟发抖。须贾把范雎叫过来，问："你没死啊？怎么流落到这里来了？"范雎可怜巴巴地回答："我那年跑出魏国，到秦国来打工，流落至今。"须贾顿生怜悯之心，吩咐左右拿一件上好的皮衣让范雎穿上。

两人聊着聊着，聊到这次出使秦国的事情。范雎说："我以前的一家主人，跟丞相张禄关系很铁，我也经常跟着主人出入相府。这样吧，我帮你引见一下吧！"说完，爬上车来，为须贾驾车而行。

街上的老百姓，看到范雎驾车，吓坏了，纷纷传说："不好了，有个大官来了！""多大的官？""不知道，反正丞相在给他当司机呢！"

范雎来到丞相府，跑进大门。须贾在外面左等右等等不来，便问相府门口的兵丁："我的老朋友范雎进去了一直没出来，您能不能帮我打探一下？"兵丁很诧异："没有叫范雎的人进去啊。"须贾更诧异："就是刚才进去的那个啊。"兵丁诧异极了："那个就是俺们丞相张禄啊。"

须贾听到这话，犹如隆冬腊月兜头泼下一盆冷水，连脚底心都凉了，扑通一声跪倒在地，拼命叩头。

这时候，范雎早就换上了丞相的装束，变成了张禄，威仪赫赫，缓步而出。他斜眼看看叩头叩得台阶上血痕累累的须贾，鄙夷地说："本来呢，你当初怎么害我的，我应当十倍奉还。不过看在你天良未泯、送我一件皮衣的分上，我就饶你一条狗命。回去通报魏齐，洗干净脖子等我。"

须贾连滚带爬，跑回魏国。张禄以秦王之命知会魏王："不想亡国，可以，把魏齐的人头交出来。"魏齐听到消息，吓坏了，连忙弃相位出亡。张禄再次通告天下："谁敢收留魏齐，秦国就灭谁！"东方六国，没有人愿意对魏齐提供外交庇护，魏齐走投无路，自刎而死。张禄报了旧仇，又利用职权，提拔有恩于己的郑安平、王稽为大官。

至此，一部荡气回肠的"范雎/张禄恩仇记"才算剧终。

范雎的成功秘诀，首先在于能够忍辱负重、深知君子报仇十年不晚。倘若他无法忍受屈辱、羞愤自杀，或者徒逞一时匹夫之勇，去找魏齐、须贾拼命，那只会导致二次受辱。

其次，范雎对秦王心理的捕捉，堪称绝妙。不但成功勾起秦王的好奇心，并且能够把悬念保持到底，在最适当的时候开口说话，从而最大程度集中起秦王的注意力。

最后，范雎为人谨慎。他牢记当年在齐国时口无遮拦、因言获罪的教训，首先向秦王讨了一个“无罪”的保证，才敢开口说话。而尽管秦王已经保证范雎无罪，他仍然谨记“疏不间亲”的古训，只谈国际大事，而不涉及秦王的家事。直到数年之后在秦国站稳了脚跟、摸透了秦王的脾气和魏冉的虚实，这才着手扳倒魏冉，成为秦国政坛的超新星，成为在国际上翻手为云、覆手为雨的外交家。到了这个时候，对范雎而言，报仇已经只是小菜一碟了。

范雎成功，靠的是什么？聪明？说对了一半。

范雎的前半生连个家臣都做不好，甚至于被人诬陷最后活生生打死，又为什么范雎的后半生一举成为秦国的丞相，把他当年的仇人玩得死去活来？

究竟是什么，让范雎脱胎换骨、走向成功？

没错，不是聪明，而是智慧。

范雎的前半生，只见聪明、不见智慧。有聪明而无智慧，正是他惨遭杀身之祸的真正原因。范雎的后半生，既有聪明，更有智慧。有聪明又有智慧，正是他飞黄腾达报仇雪恨的关键所在。

聪明，不见得是件好事，关键看你能否驾驭这份上天恩赐的聪明。能，你就是个智慧的人；不能，那么聪明反被聪明误、最后误了卿卿性命的故事，在历史上也屡见不鲜。

「相爷，范雎没动静了，可能死了，还打不打？」
范雎
家丁
魏齐
?
聊公手绘

王允毫不掩饰地说出了杀蔡邕的真相："以前汉武帝不杀司马迁，司马迁写了本《史记》尽说汉武帝的不是。现在让蔡邕这样的佞臣在皇上身边写东西，还不知道把咱们写成什么样呢！"俗话说得好，身正不怕影子歪。王允诛杀董卓，奇功一件，怕蔡邕写什么呢？原来，王允早先屈身阿附董卓的时候，蔡邕也是董卓的近臣，想必把王允的丑态都看在眼里。王允杀蔡邕，纯属杀人灭口。

王允：失败的救世主

王允，字子师，太原祁人。早年在地方上做过官，以刚正不阿闻名。后来被大将军何进揽在府中，直到董卓进京的时候，他已经升到司徒的高位。

刚直不阿的王允，此时竟能委曲心意拍董卓的马屁，把他伺候得服服帖帖。董卓也对这位司徒以诚相待，不曾提防，并封了王允以温侯的厚爵。然而他不曾料到，王允却有心图他。

王允首先结纳了董卓的义子吕布。吕布不满董卓的理由之一是吕布与董卓的小妾私通被董卓发现过。董卓当时头脑一热，恶狠狠地操起手戟掷了吕布，竟想置吕布于死地。后来董卓却依旧没事一般，将吕布贴身使唤。吕布由此怀恨在心。至于这名小妾是不是王允故意派出的间谍，史书上并没有说明；至于这名小妾叫不叫貂蝉，则更无从查考。

吕布在董卓手下不满的理由之二是他在派系之争中处于下风。董卓手里既有原配凉州系的李傕、郭汜，又有从丁原手里抢来的并州系的吕布、李肃。并州系的势力相对弱小，深受凉州系排挤，例证之一便是掌不到兵权。吕布当年随凉州系的胡轸出征，只能任个副将，差点被胡轸所杀，便是明证。

杀董卓各有各的理由，目标却是一致的。

达成一致的王允和吕布，谋定在初平三年（公元 192 年）春天杀掉董卓。他们并不曾像《三国演义》所说般画蛇添足诓骗董卓天子要禅位于他。他们只是找了个寻常理由：天子大病初愈，要大会群臣。董卓不曾起疑，坐了车来。行到宫门，便遭久候在此的李肃扎了一戟，董卓甲厚，不曾穿透。董卓吃了一惊，大叫："吾儿奉先何在？"话音未了，"他儿奉先"便转出来补了一矛，将老贼刺死。

王允同时下令，派皇甫嵩带了兵去攻打郿坞。

董卓一死，便有无数人跳将出来，发扬“疾恶如仇”“见义勇为”“除恶务尽”等一干优良传统，跑至董府诛杀“余孽”。老袁家的门生故吏，从各个阴山背后犄角旮旯里钻出来，屁颠屁颠地跟在皇甫嵩的大军后面。一待皇甫嵩打破郿坞，便奋不顾身率先杀入，取董家老少首级如探囊取物。董卓的老母，九十多岁的年纪，颤巍巍地抖到门口，求着饶她一命，当即被英勇的好汉们砍下白发苍苍的头颅。

而皇甫嵩的这次攻打，也成了他一生最后一次军事行动。他在不久以后，便以太常的高位病死在家里。皇甫嵩一代名将，打黄巾、打韩遂无不左右逢源，满堂高官、天下苍生无不对其寄予厚望，时有歌曰：“天下大乱兮市为墟，母不保子兮妻失夫，赖得皇甫兮复安居。”然而面对董卓，皇甫嵩却一再妥协退让，舍奇计而不用，弃兵勇于不顾，孤身赴虎口，狼狈保命，实在有负众望。

皇甫嵩这时候死了，朱儁却还有最后的表演。然而这都于事无补。因为东汉的价值观已经过时，东汉最后的名将已然被时代所淘汰，舞台属于年轻人。

入春以来，长安连下了六十天的阴雨。董卓一死，日月清净，微风不起。

这真是汉末以来第一个大节庆啊！

老百姓在这阴霾暂散的夜晚，卖了自己的首饰换来酒肉，在大街上欢呼畅饮、载歌载舞，这场面当真比中国是球队打进世界杯后的球迷欢庆更加狂热。更有人发挥创造性思维，在董卓肥硕尸体的肚脐眼上点了灯火，膏流满地，噼啪作响，更添热闹气氛。百姓们并不以为从此之后便能过上大好的日子，也并不去思索未来的生活到底如何。

大街上满是狂欢过后的狼藉，无人清扫。朝堂之上也是如此。

王允的本事，不过诛灭董卓而已。至于诛灭董卓以后怎么办的问题，他一无所知。在这样一场浩劫之后，他竟提出：凡是阿附、同情董卓者，一律诛杀；凡是凉州籍董卓部属，一律不赦！

第一个凡是，有名士蔡邕为证。

蔡邕听到董卓败亡的消息，轻叹一口气。王允耳朵尖得很，立刻站出来大义凛然指责蔡邕：“董卓是反贼，他死了你不高兴反而叹气，可见同情反贼，敌人的朋友就是敌人，可见你也是反贼！既然是反贼，便应该消灭！”于是把蔡邕打成反贼，问斩。

当时有官员为蔡邕求情，说蔡邕正在写后汉一朝的历史，应当特赦。王允毫不掩饰地说出了杀蔡邕的真相：“以前汉武帝不杀司马迁，司马迁写了本《史记》尽说汉武帝的不是。现在让蔡邕这样的佞臣在皇上身边写东西，还不知道把咱们写成什么样呢！”俗话说得好，身正不怕影子歪。王允诛杀董卓，奇功一件，怕蔡邕写什么呢？原来，王允早先屈身阿附董卓的时候，蔡邕也是董卓的近臣，想必把王允的丑态都看在眼里。王允杀蔡邕，纯属杀人灭口。

爱因斯坦有句名言："世界上没有垃圾，只有放错地方的资源。"嬴异人，就是这么一件放错地方的资源。如何能够使得资源配置最优化，则是商人吕不韦的特长所在。

吕不韦：史上最牛风投大师

买绩优股，当然是个保险的生财之道。但是，保险往往与发大财无缘。有什么办法比买绩优股更能生财呢？

买潜力股。

买潜力股，需要一项非同凡响的素质：眼光。谁的眼光够准、够独到，谁就能买到潜力股。当潜力股一路高歌猛进之际，就是你大发横财之时。但是，既然是潜力股，那有眼光的买家肯定不止你一个。总有那么几个高手，会和你盯上同一只潜力股，跟你分一杯羹。有没有什么办法，比买潜力股更能生财呢？

买一只垃圾股，然后把这只垃圾股变成潜力股。

并不是任何一只垃圾股都能够变成潜力股。所以，要想做到这一点，还需要两项非同凡响的素质：魄力和想象力。

敏锐独到的眼光 + 一掷千金的魄力 + 异想天开的想象力 = 吕不韦

下面，就请您近距离观摩史上最牛的风投大师、战国时代第一操盘手吕不韦，是如何成功运作嬴异人这只垃圾股，最后赢得无穷利益的经典案例。

中国史上，出了不少商人。买卖做得最大的是谁？是“累十九年三致金，财聚巨万”的范蠡？“不受命而货殖焉，亿则屡中”的子贡？还是充满传奇色彩的“红顶商人”胡雪岩？

都不是。这些人做的不过是货物的买卖；而有一个人做的则是交易皇帝、称量江山的天大买卖。此人正是秦朝国父吕不韦。

吕不韦出身于经商世家。到他父亲这一辈，已经积累了上千金的财富了，可以说是一方富豪。吕不韦子承父业，利用列国之间不同市场的差价，买贱卖贵，将“商人无国界”的理念演绎得淋漓尽致，把生意做得红红火火。

一般人，到了这个分上，也就满足了。但大的成功，往往来自于不满足。

有一天，吕不韦突然回家找到父亲，问了三个问题。

第一个问题：“耕田，能有几倍的利润？”

答：“十倍。”

第二个问题："经营珠宝，能有几倍的利润？"

答："百倍。"

第三个问题："立一国之主，能有几倍的利润？"

答："……"

老爷子答不上来了。他眯起老花眼凝视吕不韦，吕不韦正若有所思。老爷子盘算一番，郑重其事、一字一顿地回答："无数倍。"

吕不韦点点头，出门而去。知子莫如父。老爷子看着儿子远去的背影，心知以儿子的能耐与心思，列国之间必将又有一番波谲云诡、血雨腥风。

原来，吕不韦看上了一个人。这个人，在赵国首都邯郸居住了很多年，丝毫不能引起别人的注意。而吕不韦碰巧到邯郸做生意，一眼看到此人，立即惊叹："此奇货可居！"吕不韦见到此人的一刹那，便已经决定把后半辈子全部赌注都押在此人身上。

这件奇货名叫：嬴异人。

嬴异人的出身不简单。他的父亲安国君，是秦国当前的太子；他的爷爷秦昭王，则是秦国的君主，当今天下赫赫有名的一代雄主。按理来讲，他好歹也算一代王孙，怎么会流落邯郸呢？

因为，安国君有二十多个儿子。一般来讲，长子得势，少子得宠，嫡子尊贵。偏偏嬴异人在这二十多个儿子中排行居中，他母亲又不得宠。安国君每次看到嬴异人，都要想一想才知道这是哪个儿子，至于秦昭王，则更是多子多孙，压根儿就未必知道还有这么个孙子。

嬴异人对于秦国来讲，唯一的政治用处在于：派遣到赵国当人质。偏偏秦国最近屡屡进攻赵国，长平一战更是坑杀赵军四十多万人，赵国子弟无不对秦人切齿痛恨。因此，嬴异人在赵国的生活无异于过街老鼠。

就是这么一只过街老鼠，使吕不韦看到了巨大的商机，视之为“奇货可居”。这就是具有超级政治敏感度的风险投机家的眼光。吕不韦毫无疑问是当今天下头号风投家。

吕不韦与父亲的一番对话，坚定了与嬴异人合作的决心。他找到落魄的嬴异人，说：“我能帮助你光大你的门楣。”

嬴异人虽然是落魄公子，但也算见过世面，根本不把小商人吕不韦放在眼中。嬴异人上下打量一番吕不韦，讥笑：“你先光大你自己的门楣吧，哥们儿。”

吕不韦丝毫不生气，认真地说：“我的门楣要仰仗你来光大。”

嬴异人听到这话，觉得颇有玄机，于是不敢再怠慢。两人找了个安静的包厢，坐下来长谈。这是一次决定历史走向的长谈。谈话的引导者，是吕不韦。

吕不韦分析秦国的政局：“秦王年纪大了，眼看要归天。你父亲是太子，顺理成章要即位。他即位之后，要在儿子中间挑一个做太子。但是，你有二十多个兄弟，你排行居中，根本没有机会。”

一提到这些，嬴异人就丧气：“是啊，那能怎么办？”

吕不韦眼射精光：“你父亲最宠爱的是谁？”

嬴异人不假思索：“华阳夫人呗，反正不是我妈。”

吕不韦继续逼问：“那，华阳夫人可有儿子？”

嬴异人一怔，有点儿开窍了：“没有……”

吕不韦哈哈大笑：“对！关键就在这里！如果华阳夫人能够收你为干儿子，何愁太子之位不到手？”

嬴异人大喜过望：“您有什么办法帮我？”

吕不韦拱手：“区区不才，略有薄金。愿意倾囊相助，为公子成就大业！”

嬴异人激动不已，连忙承诺：“倘若事情成功，秦国的一半就是你的！”反正是开空头支票，嬴异人毫不吝啬。

吕不韦先取出五百金给嬴异人，让他别再每天在深夜里买醉了，干点儿正事，多结交一些上流社会的名人，在圈子里混出点名堂来。而他本人，则花一千金买了不少世间罕有的珍贵珠宝，西行入秦。

来到秦国，吕不韦首先找到华阳夫人的姐姐。她是吕不韦的老客户，很是照顾吕不韦的珠宝生意。由姐姐引见，吕不韦把价值连城的珠宝都奉献给华阳夫人，并且一个劲儿说嬴异人的好话：“嬴异人为人贤明，老有才了，结交的高朋贵友遍布天下。他日夜思念夫人您和太子殿下，经常想到睡不着，半夜里哭出声来。”华阳夫人听到这个，心里乐开了一朵花。她姐姐趁机在一边煽风点火：“妹妹啊，你是吃青春饭的，一旦人老色衰就不得宠啦。不如利用这个机会，把嬴异人收为干儿子，将来扶正为太子。等嬴异人做了国王，你就一辈子不用愁啦！”

华阳夫人觉得有理，就利用侍寝的机会给安国君吹枕边风：“老公你看我，连个孩子都没有。我听说嬴异人这孩子特别贤明，要不我收他做干儿子你说好不好？”安国君哪里想得到这么深，当然不反对。他听说嬴异人在赵国处境窘迫，就派人给嬴异人汇去一笔巨款供他花销，又命令吕不韦辅佐嬴异人。

吕不韦的高招，还在后面。当时天下美女，最漂亮的，要数燕赵美女。吕不韦手下有位叫赵姬的女子，是燕赵美女中一等一的绝色。这一天，吕不韦邀请嬴异人喝酒庆祝成功。酒至半酣，吕不韦一击掌，赵姬出来翩翩起舞，以助酒兴。

赵姬与嬴异人眉来眼去，暗送秋波。吕不韦顺水推舟，把赵姬许配给了嬴异人。

过了接近十个月，赵姬生下儿子，取名嬴政。

好景不长，秦国派兵攻打赵国，越打越凶，俨然有灭国之势。赵国被打急眼了，决定杀嬴异人祭旗。吕不韦暗中得到情报，赶紧花六百金买通对嬴异人监视居住的小吏，带着嬴异人抛妻弃子逃离赵国，返回秦国。

六年之后，活了七十五岁的秦昭王终于去世，太子安国君即位，是为秦孝文王。华阳夫人趁势把嬴异人扶正成为太子。嬴异人成了太子，赵姬就是太子妃，嬴政就是太孙了。赵国乖乖地把这几年在赵国受尽欺负的赵姬、嬴政送还。

安国君做了半辈子太子，好不容易登上王位却无福消受。先是为先父服丧一年才正式即位；而即位之后才三天，就一命呜呼了。

这下轮到嬴异人即位，是为秦庄襄王。庄襄王奉华阳夫人为太后，立嬴政为太子。虽然“分一半秦国”的诺言无法兑现，但也封吕不韦为丞相、文信侯，河南洛阳十万户人家每年的租税，都拨入吕不韦的私囊。

“立一国之主，可获利无数倍”的目标，今日终于达成。

庄襄王也没有做秦王的命，不到三年就找他爸爸去了。太子嬴政即位为王，尊吕不韦为相邦，称“仲父”。仲，是老二的意思；仲父，即是第二个爸爸。嬴政还小，不能亲政。秦国的大权，全部掌握在吕不韦手里。

众所周知，若干年后秦吞灭六国，嬴政成为君临天下的始皇帝。而吕不韦这桩买卖皇帝的天大交易，也就此绝版。

吕不韦与伊尹一样，把自己所热爱的事业，当作艺术来做。他能够突破常人的思维，没有将买卖的对象仅仅局限在死的货物上，而是将活人也纳入“交易”对象的范畴。

爱因斯坦有句名言：“世界上没有垃圾，只有放错地方的资源。”嬴异人，就是这么一件放错地方的资源。如何能够使得资源配置最优化，则是商人吕不韦的特长所在。

对秦国政局的洞察与人性的深悉，则是吕不韦的另一独门秘技。

秦国在秦昭王的统治下，看似安若泰山，实则暗涛汹涌。吕不韦一眼洞察秦国政治继承人青黄不接的命门所在，所以直击命门，事半功倍。同时，吕不韦对于华阳夫人的心态，捕捉之稳、准、狠，也着实令人惊叹不已。他能换位思考，从被游说者的角度，以“以色事人者，色衰而爱弛”为切入点，打动华阳夫人的心，可见其对人性把握之精准到位。

吕不韦与嬴异人，是出生入死的战友，从而自然牢牢套在了一条船上，互相依赖，谁也离不开谁。而一旦嬴异人归天，赵姬当权，则吕不韦自然能够继续保持荣华富贵，而不至于一朝天子一朝臣。

第三个问题，「立一国之主，能有几倍的利润？」
吕不韦
!
吕父
聊公手绘

战争的过程，我自忖没有孙策本人描述得精彩，便引他给汉廷的上疏于此，一来看看战斗的精彩，二来看看孙郎的文采：

“身跨马栎阵，手击急鼓，以齐战势。吏士奋激，踊跃百倍。心精意果，各竞用命。越渡重堑，迅疾若飞。火飞上风，兵激烟下，弓弩齐发，流矢雨集。”

不唯江东，试问整个中国南方的地盘上，还有谁堪与小霸王一战？

孙策：江东小霸王

孙策，字伯符，是孙坚的长子。孙坚战死的时候，孙策才十七八岁年纪，便与接管了孙坚部队的堂兄孙贲一起，运了父亲的灵柩往丹阳的曲阿去，然后便留在了江都。孙贲则回了寿春依附了袁术。

在江都的时候，孙策将老母幼弟托付给新结识的张纮，自己跑到父亲的“好友”袁伯父这里，参与了一次军事行动。什么行动呢？袁绍当时任了会稽周昂来做九江太守，被袁术派了孙贲带着兵马打败。袁术对孙家，显然是没有改变政策，依然把他当打手使唤。这次军事行动，想必孙策是参加了的，因为袁术许诺让孙策做九江太守。

接着，打手孙贲被派去和孙策的舅舅吴景一起，攻打周昂的另一个兄弟——丹阳太守周昕，并把他打跑。吴景做了丹阳太守，孙贲做都尉。袁术借着孙家的手，把自己的势力安插到了扬州北部。

孙策呢，本来还寄希望于袁术的承诺，想在九江一展身手，哪料到袁术任了别人做九江太守。这时候，朱治出现了。

人的一生，会遇到许多贵人。有的为你指路，有的替你铺路，有的扶你走路。比如卫兹之于曹操，麋竺之于刘备，而朱治无疑是孙策早年的贵人，也是江东立国不可忘却的一位贵人。朱治很早就追随孙坚征战，前不久还奉了孙坚的命令以友军的身份替陶谦打过黄巾。等他打完黄巾回来，却发现江东已不再是那个江东。老战友孙坚不见了，所见的只有披麻戴孝、面带泪痕却英气逼人的这位少年——孙策。

朱治不一定是什么高明的谋士，但人生经验无疑相当丰富。他劝孙策早点对袁伯父死心，回江东干个体户。孙策的反应史书没有记载，想必是没有立即听从。于是朱治借着朝廷特使的一道任命，去吴郡做都尉，替孙策铺路去了。

朱治到了任上，正赶上刘繇赴任扬州刺史。怎么对待这个外来户呢？朱治又以其老到的从政经验，联络了丹阳的吴景、孙贲，全力支持刘繇的安家落户。这一手十分厉害，防止了袁术势力在扬州的独大，为孙策脱离袁术、在袁刘两强的夹缝中求生存奠定了基础。

孙策后来与袁术分道扬镳，为了壮大自己，孙策选择进攻扬州刺史刘繇。孙策带领部队渡江，把刘繇囤聚粮草战具的牛渚拿下，直扑秣陵而来。

驻守秣陵的笮融，仗着兵勇凶狠，与孙策干了一架，到底不是对手，便缩头不出。孙策便去攻打薛礼，把秣陵拿下，又回头将打算重夺牛渚的几个杂碎收拾掉，又回过来打笮融。打了一阵，难下，便不再在这块硬骨头上费工夫，转去攻打别处。

孙策行军轻险，一次带了十三个部下出去打探敌情，正与刘繇部下也来打探情报的太史慈碰头。太史慈和刘繇是老乡，却因出身寒微，不得重用。孙策明明人多势众，却独自与太史慈单挑，打了平手。孙策身为主帅，行事轻险，固是取死之道，但也正是他那无限英雄气度的个人魅力所在。

孙策一路打到曲阿，把刘繇打跑。于是招降纳叛，兵力扩充到两万多。

孙策渡江的同时，朱治也在吴郡动手，把太守许贡打败，占了吴郡与孙策相呼应，起到了有力的配合作用。

许贡跑到山里，与严白虎会合。

刘繇往哪跑呢？往豫章。

他先是派了被孙策打过的笮融过去铺路，帮朱皓把诸葛玄打走。然而笮融贪狠，又把朱皓杀害。刘繇便亲自提了兵攻打笮融，占了豫章。笮融跑到山里，被山民杀掉，终于结束了罪恶的一生。

现在的情状是，孙策不单有父亲留下的旧部程普、韩当、黄盖三个老将，并且有自己的伙伴周瑜，以及新投奔的蒋钦、周泰、陈武，再加上张昭、张纮、秦松、陈端做谋主，兵力两万，骑千余，已经是江东一方较大的势力。孙策在取得大好形势的情况下，派了吴景、孙贲两个回去回复袁术，名义上请示下一步的做法。袁术看到孙策取得如此大的战果，非常惊讶，另一方面也依然确信孙策是自己人，表奏他做殄寇将军。

孙策带着这样一支兵，与已经控制了吴郡的朱治会合，下一步打算殄的寇是会稽的王朗。

王朗据会稽有年头了，手下有个奇士虞翻，能文能武能算能卜。孙策打算对会稽用兵的时候，虞翻正逢父丧，在家守着。一听到消息，虞翻连忙赶到太守府，劝王朗投降。王朗不听，恃着城池险固，与孙策开打。孙策几次水上进攻，居然都被挡下来，一时受挫难进。

孙策的叔父孙静，找到孙策如此如此这般这般一番，孙策感觉大有道理，依计而行。当天晚上，王朗在城头，只见水面上船队齐集，火光冲天，鼓噪不已，于是全副精神备战。却不料侧面来报，孙策一支偏师从另一处城楼攻过来了，这才惊慌失措，仓促迎战，结果自然大败。王朗没奈何，弃了城池，带着几个残兵跑到海上去。虞翻紧紧随着他。

王朗饱读诗书，如今乘桴浮于海，想必感慨万千。

到这个时候，孙策才缓了口气，依旧任吴景为丹阳太守，朱治为吴郡太守，自己领了会稽太守。江东六郡，孙策已得其三。

下一步的目标是豫章。刘繇在三年前逃去那里，不知整顿得怎么样了。

孙策让初降的太史慈打探豫章的情报，太史慈进了豫章城门，四处走访打探了一番，得知刘繇已经病死，其部众公推华歆做带头大哥，华歆只是不敢当。于是回来汇报："刘繇已经病死了，现在的太守华歆不过是个缩头乌龟。他的地盘上，僮芝据着庐陵自称太守，上缭的宗族割据一方，呈半独立状态，华歆完全没有办法。"孙策听了，哈哈大笑，于是定了取豫章的主意。

就在这个时候，孙策的壮大引来了荆州刘表的注意。刘表派遣手下将领黄祖前来进攻孙策。

黄祖的先头部队，是儿子黄射带的五千水军，被孙策轻松打垮。刘勋北上投奔曹操，黄射跑回去找老子。他老子还没做反应，孙策已经先行杀过来了。而黄祖的幕后老板刘表，也派了侄子刘虎和一员将领来救援。

这一战发生在建安四年（公元199年）年底。战斗的结果是，黄祖全军覆没，孙策得了六千艘战舰作为战利品。战争的过程，我自忖没有孙策本人描述得精彩，便引他给汉廷的上疏于此，一来看看战斗的精彩，二来看看孙郎的文采：

“身跨马栎阵，手击急鼓，以齐战势。吏士奋激，踊跃百倍。心精意果，各竞用命。越渡重堑，迅疾若飞。火飞上风，兵激烟下，弓弩齐发，流矢雨集。”

不唯江东，试问整个中国南方的地盘上，还有谁堪与小霸王一战？

甘罗小小年纪，就能够说动张唐和赵王，没有其他原因，仅仅在于把问题所牵扯各方的利害关系理清楚，继而“诱之以利，说之以害”罢了。

甘罗：少年天才玩转职场

甘罗十二岁就能够玩转秦国的职场，固然有过硬的家庭背景作支撑，使他能够小小年纪就出入王宫相府，但更为根本的原因，还是在于甘罗自身的实力。甘罗年仅十二岁，就担任秦国的上卿。这就是民间传说“甘罗十二岁拜相”的来源。

少年高官，往往要有过硬的家庭背景，甘罗自然也不例外。甘罗的爷爷甘茂，是秦国的左丞相。甘茂本是楚国人，因张仪的引荐，进入秦国当官。他军事能力卓越，为秦国开疆拓土。但是，无论如何甘茂毕竟是外国人。树大招风，甘茂官居左丞相，在秦国遭到不少人的猜忌。甘茂受不了政坛上的明枪暗箭，在一次对外的军事行动中，只身逃亡到齐国去了，最后死在了魏国。

甘茂死的时候，甘罗才十二岁。但是甘罗明显比同龄人早熟得多。爷爷出亡，对家族打击很大。昨天还门庭若市，今天就门可罗雀了。而且甘茂原先占有的一大片别墅、宅邸，也都被没收充公。世态炎凉，由此可见一斑。

爷爷既然已经指望不上，甘罗决心依靠自己的能力吃饭。当时相邦吕不韦正在广招门客，但凡有一技之长者，都可以谋得饭碗。甘罗慨然应征。

面试官看到甘罗，哈哈大笑："孩子，这里不是玩耍的地方。游乐场在那边，上对面排队去哈！"

甘罗正色道："我身怀绝技，来食相邦之禄，分相邦之忧。请你们严肃一点。"

面试官很诧异："你有啥绝技？亮出来看看！"

甘罗伸出一根手指，指了指脑子："智商高。"

面试官决定测试一下甘罗的智商。

面试官出题，甘罗对答如流。面试官们啧啧称奇，当即把甘罗招录门下，成为吕不韦的一名门客。十二岁的甘罗，已经凭自己的本事领工资解决生活费问题了。

甘罗在吕不韦的三千门客之中，很快就脱颖而出，成为最上等的门客之一，有权力随时出入相府。这天，甘罗蹦蹦跳跳来到相府，发现吕不韦的脸色很难看，就上前询问原因。

吕不韦没好气地回答:“气的!”

甘罗天真无邪地问:“被谁给气的呀?”

吕不韦看了一眼甘罗,心想:给这孩子倾诉一下也好,虽然不指望他帮上什么忙,但也正好借机发泄发泄。于是把事情的原委一五一十告诉了甘罗。

原来,吕不韦有一个宏大的灭赵计划:第一步,派使者前往燕国,与燕王取得联系,搞好关系;第二步,与燕国进行频繁而密切的国事往来;第三步,派人到燕国担任丞相,在燕国建立亲秦政府;第四步,与燕国左右夹击,消灭赵国。

这个计划,吕不韦酝酿了很久,志在必得。他首先派遣秦国口才第一流的蔡泽前往燕国。蔡泽在燕国三年,鼓动如簧之舌,打下了扎实的舆论基础。燕国派遣太子丹入秦国当人质,两国建立起了很铁的关系。下一步,吕不韦打算派办事最靠谱的老臣张唐去燕国担任丞相,对燕国进行拉拢。

吕不韦本以为水到渠成的一件事,居然在这个环节上遇上了硬茬子:张唐死活不愿意去燕国。原因也很简单,张唐曾经率领秦兵进攻赵国,赵国被打急眼了,恶狠狠放出话来:“谁能把张唐抓来,赏赐百里土地!封侯!”去燕国,必须经过赵国;而要是经过赵国,张唐非得被赵人生吞活剥了不可。所以尽管吕不韦好说歹说、威逼利诱,张唐咬紧了牙关,死活不肯去。但是除了张唐,吕不韦又没有更放心的人选。眼见得灭赵大计经营多年却要功亏一篑,吕不韦急得百爪挠心,整宿整宿睡不着觉。

甘罗听完，说：“哦，这样啊。那我帮你去劝劝张唐吧。”

吕不韦破口大骂：“滚！老子亲自请都请不动，你怎么可能劝得动！小孩子别多事，哪凉快哪待着去！”

甘罗抿嘴一笑：“项橐七岁就做孔子的老师了，我今年十二岁，比项橐还大五岁呢。你就让我试试呗。”

吕不韦没有办法，死马当活马医，就同意让甘罗去试试，自己继续关起大门生闷气。

甘罗跑到张唐家，见张唐也正生闷气呢。这些大人可真好玩儿，各自关门生闷气，就不能多动动脑子解决问题。

张唐见来的是个小孩儿，放下警惕心，问：“小孩儿，你找我干吗呀？”

甘罗问：“你觉得你跟武安君相比，谁的功劳大？”

武安君是秦国名将白起，攻无不克、战无不胜，是战国时代的一代战神，一生消灭的军队有上百万，为秦国开拓疆土数千里。长平之战坑杀赵军四十万人，声威更是臻于巅峰，即便放在中国五千年军事史上，凭借这些数据也是名列前茅的人物。张唐怎么能跟他比？

张唐很有自知之明：“武安君南挫强楚，北威燕、赵，战胜攻取，破城堕邑，功劳远远在我之上。”

甘罗又问：“应侯与当今相国吕不韦相比，谁在秦国势力大？”

应侯指秦国的前丞相范雎。范雎虽然同样身居相位，但毕竟权力还是掌握在秦昭王手里；而今天秦王嬴政年纪还小，吕不韦一手遮天，自然是吕不韦势力大得多。

张唐老老实实回答："范雎不如吕不韦。"张唐被问得心下纳闷：我以为你要来劝我去燕国，正想一口拒绝呢。你怎么给我东拉西扯这些无聊的问题？

甘罗笑眯眯地问："不好意思，我再确认一下：您确实认为范雎不如吕不韦势力大吗？"

张唐回答："确定一定以及肯定！"

甘罗哈哈大笑："你们大人脑子真不好使。你功劳不如白起大，吕不韦势力又远过于范雎。功劳比你大的白起仅仅因为反对势力不如吕不韦的范雎攻打赵国，就被逼得自刎而死。你功劳微薄，却阻挠势力滔天的吕相国，那你猜猜，你会是个啥下场？"

张唐听完，吓出一身冷汗：我原先只以为如果去燕国，一定会被赵人追杀；从来没想过不去燕国的后果。这小子说得有道理啊，吕相国一向心狠手辣，与其被吕不韦弄死，还不如被赵人弄死，说不定还能弄个烈士当当。

张唐再也不敢怠慢，站起身拱手道："谢谢你开导我，我即便上刀山下火海也在所不辞！我这就冒死去燕国！"

甘罗摇摇头："胆小鬼，谁说去燕国就一定要冒生命危险？你先收拾行李吧，看我的。"

甘罗跑回相府，吕不韦还在生气呢。甘罗拉拉吕不韦的袖子："吕大爷，我说动张唐了，张唐愿意前往燕国。"吕不韦听了，乐得一蹦三尺高，满屋子直转圈，都找不着北了。

甘罗说："先别高兴得太早，万一赵国真把张唐弄死了，咋办？你的计划岂不是照样泡汤？"吕不韦拉住甘罗的手，像抓住救命稻草一样死死不放，问："那咋办？"甘罗说："简单。给我五辆车，我出使一下赵国，给张唐解除后顾之忧。"

第二天，吕不韦在朝堂之上向秦王嬴政引见甘罗："大王，这是甘茂的孙子，咱们秦国的头号天才。我想让他出使赵国，请批准！"

十六岁的嬴政看了看十二岁的甘罗，同意了。这不是过家家，这是国家的重大外交决策现场。

甘罗来到赵国，得到赵王亲自接见。尽管仪式非常庄重，赵王仍然觉得滑稽：寡人居然这么兴师动众接见一个娃娃。

甘罗先开口了："燕国派太子丹入质秦国的事情，大王知道了吧？"

赵王："知道了。"

甘罗继续："秦国要派张唐去燕国做丞相的事情，大王知道了吧？"

赵王："知道了。"

甘罗："那贵国打算怎么办？"

赵王两眼冒火，咬牙切齿："活捉张唐，千刀万剐，食其肉寝其皮！"

甘罗哈哈大笑："您真心宽。火烧眉毛了，还有闲心记张唐这点儿小仇。"

赵王纳闷："怎么就火烧眉毛了？"

甘罗反问："你猜猜，秦、燕两国交往这么密切，是为了对付谁？"

赵王咬着手指想了半天，一拍脑门："哦！我想到了！是为了对付我们赵国吧？"

甘罗："恭喜你，答对了！那你打算怎么办？"

赵王两眼放火，咬牙切齿："我打算活捉张唐，千刀万剐，食其肉寝其皮！"

甘罗叹了口气，看来赵国摊上了一个白痴国王，没有办法，亡国是肯定的了。于是继续循循善诱："我给你指一条明路。你不妨割五座城池给秦国，请求秦国把燕国太子丹赶回去，与燕国断绝外交关系。"

赵王不干："凭啥？那我岂不是白白吃闷亏？"

甘罗继续苦口婆心："失之东隅，收之桑榆。秦国与燕国绝交，以赵国的实力，对付一个燕国不成问题。你送给秦国多少土地，加倍从燕国身上打回来就是了。"

赵王这才恍然大悟，忙不迭答应。赵国先把五座城池赠送给了秦国，秦国果然驱逐燕太子丹出境。赵国见秦、燕反目，便有恃无恐，铆足了劲儿猛打燕国，打下来三十座城池。赵国不敢独吞，把其中的十一座送给了秦国。

秦国未发一兵一卒，平白无故得到了十六座城池，大喜过望。秦王下令，拜甘罗为上卿。

战国时期的说客很多，甘罗是其中的佼佼者。游说的秘诀，有且仅有一条：表面上充分替被游说者的利害关系考虑。人，都是趋利避害的。诱之以利，说之以害，效果自然绝佳。

注意，我们这里所说的“诱之以利，说之以害”，并非真的要许诺对方任何利益，或者造成对方的任何损失。这里的“利害”，都不过存在于你的口头之上而已。

甘罗小小年纪，就能够说动张唐和赵王，没有其他原因，仅仅在于把问题所牵扯各方的利害关系理清楚，继而“诱之以利，说之以害”罢了。

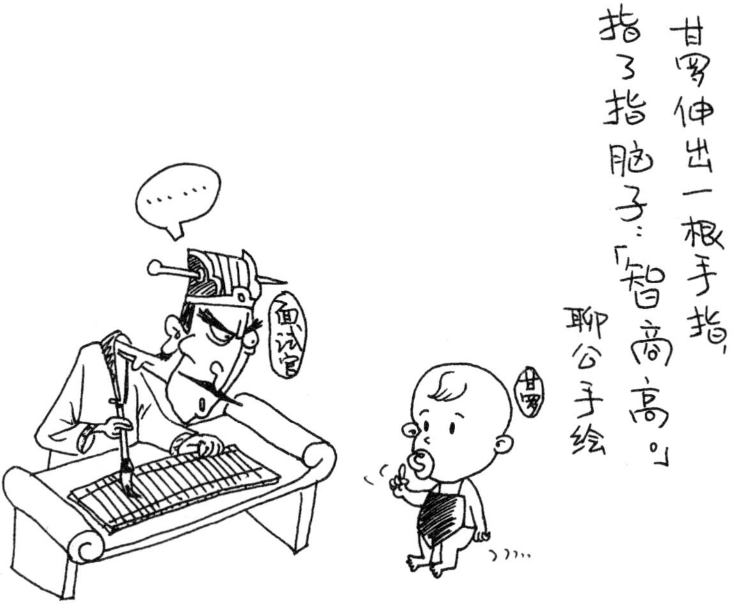
甘罗伸出一根手指，
指了指脑子：「智商高。」
聊公手绘
……
鱼法官
甘罗

此事后来被作为许褚胜马超一筹的证据。实际上，许褚只是一介保镖，而马超身为三军统帅，需要考虑更多。马超此次计划，只能成功，不能失败。许褚在场，马超感到没有把握短时间内既搞定许褚，又拿下曹操，而如果无法活捉曹操，议和之事肯定泡汤，所以才放弃计划。这次未遂的事件，既可看出许褚的勇武，更可看出马超的艺高人胆大。

马超：最后的凉州勇士

益州刘璋向刘备伸出橄榄枝的缘由是：曹操正派兵讨伐汉中的张鲁。刘璋未雨绸缪，想到张鲁一旦完蛋，下一个肯定轮到自己。刘璋并不清楚，曹操讨伐张鲁，乃是项庄舞剑，意在沛公。不过这个沛公并非自作多情的刘璋，而是凉州群龙之首——马超。

所谓凉州军阀，乃是黄巾起义以来，在此地聚集的大大小小的割据势力。这些割据势力，仗着天高皇帝远，既不曾参与汉末群雄逐鹿，也不曾被群雄所吃掉。凉州军阀之中，最大的两支乃是韩遂和马腾。马腾被招安后，全家搬到邺城被软禁。现在统领马腾部众的，便是他的长子马超。

马超首次崭露锋芒，还是官渡之战时期。当时高幹、郭援奔袭关中，马腾受钟繇的求援，派马超助拳。战斗中，马超一脚被飞矢射中，血流不止。马超随便找块布，包起来继续打。马超不要命的打法，给人留下了深刻印象。马腾晚年，不想再搏命江湖，向朝廷传达了愿受招安的意思。但曹操对马腾已经没有了兴趣。马腾老了，不足为虑。曹操真正感兴趣的，乃是这个远胜乃父的悍将马超。曹操做丞相后，曾征辟马超入幕府；后来又拿出徐州刺史的官帽来吸引马超。马超一律不为所动。

马腾被招安后，马家军由马超率领，屯驻在槐里。槐里，距长安只有二十公里，近在肘腋之间。所以赤壁之战时，诸葛亮、周瑜都认为曹操在南方不敢久留。因为马超一旦发动进攻，函谷关以西必然陷落。有马超在，曹操既不敢放开手跟刘备、孙权比拼，更不敢取汉中、益州。

马儿不死，孤不得安。但是，曹操打算搞定马超却苦于师出无名。

当时并州有一个叫商曜的流匪造反，曹操派夏侯渊、徐晃出征。区区商曜，自然不足以劳动夏侯渊和徐晃，曹操有后招。

他命令驻守长安的钟繇，大举出兵讨伐汉中张鲁。同时特地给夏侯渊和徐晃下了一道命令：发兵河东郡，协助钟繇。从并州下河东到汉中，势必经过马超的领地。

马超得到情报，立刻意识到：此乃假途伐虢之计，曹操终于要对我动手了。他立刻联络韩遂，号召凉州各路军阀，先下手为强。马超在凉州，以悍勇著称，父子两代经营多年，具有相当的号召力。很快，马超、韩遂拉拢了十个军阀，聚集了十多万人，一口气攻陷三辅，越过长安，直抵潼关。

潼关，位于黄河“几”字形第四折的拐角处。讨伐凉州，有两条路。一条是，强攻潼关，走陆路。另一条是从潼关北面先渡过自西向东流的黄河，再从蒲坂津渡过自北向南流的黄河。如果曹操一开始就选第二条路线，凉州军势必防守黄河沿岸各大要津，据黄河天堑以抵抗曹操。所以曹操把全部军队集中到潼关，摆出一副要过潼关强攻的态势。马超、韩遂果然也把十万大军集中在潼关，不再分兵黄河沿线。

徐晃看到这一形势，立刻汇报：“请拨我一支军队，绕道北面，横渡黄河，从敌军北部攻打。”此计正中曹操下怀，他当即分兵四千，让徐晃、朱灵率领，悄悄去北部渡蒲坂津。

曹操亲自兵临潼关，吸引了凉州军的注意力。马超联络的十大军阀，陆续带兵前来。这时徐晃发来消息，说已经抵达蒲坂津，是否可以渡河？曹操见凉州军已经全部被吸引到潼关，遥控徐晃：可以渡河。同时曹操放弃潼关，北渡黄河，前往蒲坂津。

马超发现曹操渡河，立刻分兵两路：派一个叫梁兴的军阀，率五千人马赶往蒲坂津拦截，同时自率一万骑兵追杀曹操。曹操当时盘踞在一张胡床之上，由几名士兵抬着，在黄河南岸指挥若定，让士兵渡河，自己负责断后。远远看到马超军杀来，曹操毫不在意，继续踞床指挥。曹操身边的卫士许褚着急了，立刻扶曹操上船。同时，有一个叫丁斐的校尉急中生智，派人将牛马散放在河边。凉州军四散争抢牛马，来势渐缓，曹操得以上船。

马超远远看到曹操上船渡河，立刻命令手下万箭齐发，飞矢如雨。曹军看到马超大军杀到，纷纷挤上曹操的船，落在水里的也游过来双手攀船。船小人多，吃重不起，眼看就要沉没。许褚此时左手拿起一个马鞍作为盾牌，遮护曹操，右手挥刀砍杀登船的士兵，船终于减负，可以行走。但是，划船的船工已被箭射死。许褚弃刀，取过船桨，奋力划行，终于幸免于难。

徐晃、朱灵，此时已经强渡蒲坂津，并且以逸待劳，在河对岸击败了急行军赶来的梁兴的军队，建立据点。曹操遂指挥大军也渡过蒲坂津。黄河天堑，终于不再构成凉州军的屏障。曹操沿着黄河，一路修甬道，抵达渭水。甬道，乃是一种防御工事，两边筑墙，中间通路。从战役开始到现在，马超始终无从与曹操交手，凉州军的长矛，果然无从施展。

现在，曹操两渡黄河，从北边绕了一圈，现在与马超隔渭水对峙。曹操在渭水北岸多设疑兵，让马超拿不准曹军主力所在，只好分兵把守，精神高度紧张。实际上，曹操却派工程兵驾船，半夜在渭水之上铺设浮桥，火速过河，筑造防御工事。西北土质多疏松，像流沙一样，无法凝固筑城。谋士娄圭献策："天气寒冷，筑城之后，可以立刻用水浇淋，一夜之间可以冻严实。"曹操同意。一座牢固的防御据点，一夜之间就出现在了西北军的面前。

交战以来，马超连失先机，先后丧失潼关、黄河、渭水三处天险。天气寒冷，进入冬季，凉州军的粮草供应大成问题。马超多次挑战，曹操一律深沟高垒，坚壁清野，拒不出战。马超求战不得，只好求和。曹操与马超讲和，需要谈条件。双方约定，不带兵马，单独会面。

马超感到自己又有翻盘的机会了。马超素来自负勇武绝人，他想趁会面之时，擒拿曹操。马超与韩遂一起，离开营盘，来到两军之间的指定位置。曹操也已经守约而至。马超注意到，曹操只带来了一个人。此人身长八尺余，腰大十围，容貌雄毅，并且极其警惕，随时手按剑柄，目光直射马超。马超心中一动，问曹操："我听说你军中有位虎侯，此人何在？"曹操听了，回过头去，指了指那位随从："许褚，马超想认识你呢。"许褚瞪大眼睛，怒视马超。许褚力大如虎，而脾性痴顽，军中给他起外号叫"虎痴"，所以马超称他"虎侯"。马超听说此人就是许褚，只好放弃原计划。

此事后来被作为许褚胜马超一筹的证据。实际上，许褚只是一介保镖，而马超身为三军统帅，需要考虑更多。马超此次计划，只能成功，不能失败。许褚在场，马超感到没有把握短时间内既搞定许褚，又拿下曹操，而如果无法活捉曹操，议和之事肯定泡汤，所以才放弃计划。这次未遂的事件，既可看出许褚的勇武，更可看出马超的艺高人胆大。后来，曹操用离间之计分化瓦解了凉州各个军阀，马超只得狼狈而逃。

两年之后的建安十八年（公元 213 年），马超积攒了力量，果土重来，同时还联络了汉中张鲁，声势浩大，陇右诸郡全部叛降马超，只有凉州州政府所在地冀城能够坚守。马超从正月打到八月，冀城始终坚守不下。凉州刺史韦康派了别驾阎温潜水沿渭河去长安找夏侯渊求救，结果被马超抓到。马超抓着阎温去城下炫耀，阎温突然大喊："援兵三日之内就能赶到，请务必坚守！"守城将士大喜过望，禁不住泪流满面。马超一怒之下，杀死阎温，继续围城。

三天过去了，援军压根儿不见人影。刺史韦康崩溃，献城投降。马超进城之后，第一时间杀了刺史韦康，发泄久攻不下的恶气。

杨阜以妻子生病为名，请假回家，马超并不放在心上，准假。杨阜星夜赶到历城，他的一位姑表兄姜叙，此时担任抚夷将军，在这里拥有一支军队。杨阜面见姜叙及姑姑杨老太太，痛哭唏嘘，请求姜叙出兵讨伐马超。马超军势浩大，姜叙哪里敢鸡蛋碰石头，沉吟不语。杨老太太勃然大怒，喝令姜叙："为君父报仇，死于忠义，乃是得其所哉。不必犹豫！"姜叙得了激励，答应杨阜。杨阜又约结冀城外的赵昂，作为外援；约结冀城内的梁宽，作为内应。赵昂的儿子当时被马超扣作人质，赵昂回家找妻子商量，妻子厉声道："雪君父之大耻，即便丧命也应该，何况死个儿子！"姜母和赵妻口中的"君父"，都是指的刺史韦康。东汉人以上司为君父，这是流行观念。

有了梁宽的内应，姜叙、赵昂的外兵，杨阜很快拿下冀县，杀光了马超的妻儿老小。马超作为报复，也杀了姜叙的老母和赵昂的儿子。杨阜挺身与马超恶战，身中五处重伤，仍然奋斗不休。马超进退失据，只好跑路，去了汉中。

张鲁久闻马超大名，没想到居然能成为他的主子，非常高兴，封了马超做大官，同时还想把女儿嫁给他。有人劝张鲁："马超先连累死父亲马腾全族，又连累死自己的妻儿老小。这种人，怎么能与他结亲？"张鲁听了，遂作罢。

马超在张鲁手下，过了个年。大年初一，家家户户张灯结彩。即便是三国乱世，各方势力也暂且放下手头的军务，四处洋溢着喜庆的气氛。马超有个小舅子，此时也沦落汉中，跑来向马超拜年。马超捶胸吐血，凄怆道："我全族几百口人，全死完了，你我二人，还拜什么年呢？"

马超向张鲁请兵，想要重回凉州的战场，张鲁同意。但是马超在前线数战不利，而后方又有张鲁手下嫉贤妒能，多次说马超坏话。马超不敢再回汉中，从羌族界内辗转绕到益州，投降刘备。

当时刘备正在围攻成都，听到马超来了，非常高兴，说："马超来了，益州归我了！"他派人拦住马超的残兵败将，好好整顿军容，打扮得光鲜亮丽，又暗中把自己的军队拨付给马超，让马超带着这支盔明甲亮的大军，抵达成都城下。凉州军善战，闻名天下。刘璋听说马超带兵而至，大惊失色，当场崩溃，出门投降。这是马超在历史上的最后一次威风。

蜀汉章武二年（公元 222 年），马超病死。马超临死之前，给刘备写了封信，信上说："臣全家二百口人，被曹操杀光了。只有一个堂弟马岱，托付给陛下。别的，没什么可说的了。"曾经逼得曹操走投无路的马超，曾经计划单枪匹马绑架曹操的马超，曾经纵横西北如入无人之境的马超，就这样孤独地死去了，时年四十七岁。

也许，对于此时的马超来讲，死亡反而是一个解脱吧。

李斯的流血仕途，体现出他极其坚韧不拔的奋斗精神。他在上蔡做小官时，不甘平庸，放弃安逸的生活，远赴兰陵拜荀子为师，以追求人生的更高境界。这是何等的觉悟！因此，一个人的能力有大小，水平有高低，但只要有了这点觉悟，就不会为自己的眼界所限囿，不至于成为一只井底之蛙而不自知。

李斯：从观察老鼠开始的流血仕途

《易经·坤卦》有云："初六，履霜，坚冰至。"踩到秋霜，就该联想到冬天的冰雪即将来到了。

这种本领，叫作"见微知著"。

一个国家，每天上厕所的人有成千上万，能在厕所里看到老鼠的也不在少数，但是，只有李斯一个人开悟了。这就是一种见微知著的本事。还是那句老话，宇宙万物，生生不息、息息相关。能够把握这种“息”，也就是生命的节律，就可以无往而不胜。

李斯，楚国上蔡人。他的爸爸在春秋战国这样一个讲究血统与门第的时代，只是一个无名小卒而已。龙生龙，凤生凤，老鼠的儿子会打洞。李斯的命运，按理从他出生开始就已经可以预见到结尾。

很有幸的，李斯成年后在上蔡谋得了一份小官的职位。他安安稳稳地领着工资，高高兴兴上班，平平安安回家，回家之后还有老婆孩子热炕头。每逢周末，李斯带着儿子和大黄狗，去城外郊野打野兔子玩儿。

与出将入相无关，与王图霸业无关，与列国纷争无关，多么安宁而惬意的生活。

平静的被打破，来自于一次上厕所。

厕所里面，又脏又臭。几只瘦得皮包骨头的老鼠见到李斯进来，吱吱乱叫，四散逃跑。李斯厌恶地皱皱眉头，掩住鼻子，蹲下排泄。今天，他的脑海里却始终挥之不去刚才那些老鼠的可怜形象。

李斯想起，前几天去粮仓检查。当他打开粮仓的大门，发现里面一群老鼠，大腹便便、毛色油亮，正在谷堆上面大快朵颐，旁若无人。李斯大声呵斥，用扫帚驱赶，那些老鼠才不情不愿地跑开，远远地望着，准备等李斯走后再回来。

厕所里的老鼠，环境恶劣，吃的差，还要每天担惊受怕；

粮仓里的老鼠，环境优越，丰衣足食，见到人都不避让。同样是生活在地球上的老鼠，老鼠和老鼠之间的差距咋就这么大？

李斯的思绪继续发散：由老鼠而推及人，不也是一样的道理吗？高官贵族们，锦衣玉食，珠围翠拥，而不必担惊受怕；草民小吏们，吃了上顿没下顿。高度决定视野，屁股决定人生，坐的沙发板凳不同，人生也就不一样啊！所以，既然同样是做老鼠，那就要做粮仓里的老鼠，而决不能做厕所里的老鼠！

李斯想到此处，神清目明。他步出厕所，再看这个世界，发现感受和以前居然迥然不同！那些同事现在在李斯眼里，只不过是些厕所里可怜的老鼠罢了。李斯用充满悲悯的眼光看着这些互相之间钩心斗角、充满敌意的同事：你们继续在此争夺蜗角虚名、蝇头微利吧，我要翱翔于蓝天之上，去寻找新的理想天空了。拜拜了各位！

李斯毅然辞职。当他把辞职信扔在那个经常给他小鞋穿的那位芝麻官办公室的时候，欣赏着芝麻官惊讶的表情，李斯心花怒放。

学而优则仕。李斯决心云游四海，寻访名师，给自己的学历镀金，然后再寻找就业机会。他打点行装，告别了妻儿，告别了温柔乡，踏上了未知的旅程。路迢迢水长长，前路漫漫在何方？

孔孟已逝，圣人不再。当今天下第一的导师是谁？荀子。

荀子曾经在齐国的稷下学宫担任祭酒，如今退休在家，广招门徒。李斯登门造访，引起了荀子的关注。在这里，李斯遇到了他的同学，也是他一生的良伴与对手，来自韩国的公子韩非。

李斯与韩非一起拜在荀子门下，研习帝王之术。乌飞兔走，白驹过隙。学校的单纯时光总是过得很快，眨眼到了毕业的时节。

李斯是荀子的高足，毕业那天，他找到李斯，进行了一番长聊。

荀子："为师在东方六国都有些关系，尤其是齐楚两国。我给你开个介绍信，面试官看在为师的薄面，想必不会为难你的。"

李斯莞尔一笑："老师，我的志向是去秦国。"

荀子："秦国是当今最强的国家，人才竞争早已经白热化了，你又何苦去蹚这趟浑水？俗话说：宁为鸡首，不为牛后。不如先在东方六国站稳脚跟吧。"

李斯坚定地摇摇头："学生既不做鸡首，也不做牛后。"

荀子诧异："那你要做什么？"

李斯目光炯炯："牛头。"

大丈夫生食九鼎，死当九鼎烹，岂能屈居人下，矮檐低头？荀子明白了李斯的志向，不再阻拦。毕业的季节，荀子的门生四散，到各个国家去发光发热。李斯背起行李，怀抱满腹才华，洒泪告别师友，西行入秦。

秦国的最高掌权人，是相国吕不韦。李斯为求进身之阶，投在吕不韦门下做了一名食客。李斯的才华很快引起吕不韦的青睐，被任用为郎官。

郎官，得以出入宫闱，伴随君王。李斯在这里，遇见了他一辈子的靠山。

秦国的政治格局，很复杂。朝廷之上，基本是吕不韦和嫪毐分庭抗礼，太后斡旋于其间。秦国士人，分为两派，非从吕不韦，即从嫪毐。

李斯偏偏谁也不从。他找到了真正的靠山：秦王嬴政。

嬴政虽然年纪尚幼，李斯却发现这位君王绝不简单。他的雄才武略，旷世无双，绝对是历史上排得上号的君王。抱大腿，就要抱最粗的。嬴政虽然现在还不是秦国最粗的大腿，但李斯极其看好这只潜力股。

与嬴政慢慢混熟了，李斯开始谨慎地提出自己对国际局势的看法与对策："东方六国，联合对付秦国。希望您能采用胡萝卜加大棒的政策，先用金银珠宝贿赂诸侯，让他们离心离德，与秦国结盟；对于不肯听从的诸侯，则派遣刺客暗杀。如此一来，联盟既破，则诸侯不足为患。"

嬴政深以为然，便拜李斯为长史，并提供巨额的专项资金，让李斯全权放手去干。

李斯有了嬴政撑腰，用金钱收买贿赂各国权臣，并且派出大量间谍搞情报工作、刺客搞政治暗杀，屡屡得手，功勋卓著。嬴政顺水推舟，拜李斯为客卿。

李斯平步青云，顺风顺水，但是他仕途的最大危机也随之而来。韩国派出一名间谍郑国，假借给秦国兴修水利为名，消耗秦国国力，以拖延秦国吞灭韩国的进程。郑国的阴谋被发现，秦王一怒之下，驱除遣返一切外来人口。李斯也在被驱除遣返之列。

那些外地官员们，满腹哀怨地卸任，哭哭啼啼地离去。唯独李斯，绝不肯就此善罢甘休。他奋笔疾书，通过历数历史上外来人员对秦国的卓著贡献，分析秦国当前的局势以及驱除外来人员所可能导致的严重恶果，劝谏秦王收回成命。这篇文气充沛、文采斐然的千古雄文，就是著名的《谏逐客书》。

秦王看到《谏逐客书》，大为震动，立即收回成命，李斯官复原职。李斯继续协助秦王，利用各个击破的方式，先后将嫪毐、吕不韦集团一一铲除。

李斯的第二次仕途危机，来自老同学——韩非。

有一天，秦王看书，大为惊叹："这书写得真好！寡人要是能与作者一见，死而无憾！"李斯把书拿过来一看，得意扬扬地宣布："这是我的同学韩非写的书。"秦王来了兴致："哦？他现在何处？"李斯回答："韩国。"

韩王为免亡国，把韩非送到秦国。秦王与韩非相逢恨晚，每日交谈，废寝忘食。

李斯这才发现大事不妙。当初他向秦王吹韩非的牛，是为了给自己脸上贴金：看，我同学牛吧？没想到弄巧成拙，必须赶在秦王真正信任韩非之前，除掉这个绊脚石！

李斯主意已定，找秦王打小报告："韩非是韩国的公子。您要灭韩，韩非肯定还是要帮着韩国，给我们搞内部破坏。这是人之常情。不如找个借口，把韩非杀了！"秦王一听，大有道理，于是以间谍罪将韩非下狱。

韩非在狱中，李斯来探监，递给韩非一杯毒酒。韩非走投无路，一饮而尽。一代天才思想家就此归天。秦王后来想想不对，急忙下令赦免韩非，韩非早已经命绝多时。

韩非既死，李斯极力撺掇秦王一举灭韩。趁着兵威，顺势将东方六国一一消灭，最后统一天下。秦王嬴政改称始皇帝，以李斯为丞相。李斯的长子，为三川守。其他儿子，都娶秦国公主为妻；女儿，都嫁给秦国公子为妇。势倾朝野，满门荣华富贵。上蔡布衣李斯，终于通过自己不懈的奋斗，实现了"在粮仓里做老鼠"的伟大梦想。

李斯的仕途，体现出他极其坚韧不拔的奋斗精神。他在上蔡做小公务员时，不甘平庸，放弃安逸的生活，远赴兰陵拜荀子为师，以追求人生的更高境界。这是何等的觉悟！因此，一个人的能力有大小，水平有高低，但只要有了这点觉悟，就不会为自己的眼界所限囿，不至于成为一只井底之蛙而不自知。

同样是生活在地球上的老鼠，
老鼠和老鼠之间的差距咋就这么大呢？

聊公手绘

韩信成功的另一项要素，在于能屈能伸。他受胯下之辱而不以为意，原因就在于他对自己和对方都有正确的估量。只有命不值钱的人，才会轻易与别人拼命。小不忍则乱大谋，韩信是有大谋之人，当然能够忍耐小事；而那些因为鸡毛蒜皮而愤然拔刀之人，必定是胸无大志之人。

韩信：从胯下懦夫到天下军神

是什么让韩信从一个游手好闲的街头无赖变成了所向披靡的将军无与伦比的军事天才？是适逢其会的运气？当然有此因素。但是其中最重要的，应该是那份敌军围困万千重，我自岿然不动的绝对自信。

自信，说来容易做起来难。

当你连肚子都填不饱、不得已只好去河边钓鱼却连泥鳅都钓不到一条，只好依靠洗衣服的老太太的接济来填充辘辘饥肠的时候，你还能有男儿生当作万户侯的信心吗？

当你从这个岗位跳槽到那个公司，无论在哪个老板手下都只能做个小员工，甚至于违反军纪要被处死的时候，你还能有出将入相匡扶明君的信心吗？

当公司大裁员，员工们大批失业甚至主动辞职逃跑，而你也在裁员或者辞职之列，刚刚离开不景气的公司，不知路在何方之时，你还能有睥睨天下、傲视群雄的信心吗？

假如生活欺骗了你，你还有勇气与自信 hold 住全场不要慌吗？

韩信做到了，所以韩信注定要不朽。

赵翼在《廿二史札记》中提到，汉初“布衣将相之局”，为亘古所未有。说白了，所谓“布衣将相之局”，是说汉高祖刘邦及其团队是一群“流氓”（居无定所、四处流浪之意）“无赖”（无所持以为生之意）之辈。你看：樊哙是杀狗的屠夫，周勃是办丧事的吹鼓手，曹参是狱卒，刘邦也仅是个亭长（相当于派出所所长），最大的官要数萧何，相当于现在的县政府办公室主任。但就是这么一群人，却灭掉了项羽，建立了大汉 400 余年基业，时至今日我们仍在以汉人、汉族、汉语言、汉文化自诩，可见汉朝对后世的影响之深远、之巨大。

本文所讲的“汉初三杰”之一的韩信，则为更显“流氓无赖”的“首席代表”。

韩信，淮阴人。与本书绝大多数主人公一样，他出身贫寒。但是他也有自己的特点：穷得毫无骨气。

李斯虽然落魄，好歹是个小官；刘邦虽然不济，好歹是个亭长。韩信连这些条件都没有，一穷二白，光棍一条，一人吃饱全家不饿，便每天在街上浪荡来浪荡去，游手好闲。实在饿得受不了了，就到熟人家里蹭顿饭吃。时间一久，大家都知道这厮是个无赖。远远地看见韩信走过来，纷纷关门闭户，本来热热闹闹的一条街，眨眼之间人跑个精光。

好在有位老大哥很照顾他，经常收留他吃饭。韩信也不把自己当外人，每天午饭时间准时报到，端起碗就吃，撂下筷子就拍屁股走人。好几个月下来，老大哥不在意，老大嫂可受不了了。从此，老大嫂把吃饭时间给改了：从中午改到早上。每天大清早起来做好饭，就马上吃了。等韩信走到，老大嫂已经在翻着白眼洗碗了。

韩信好歹也是堂堂七尺男儿，脸皮还没有厚到不明事理的地步，于是再也不登门要饭吃。饿肚子的滋味实在不好受，韩信在城外淮河边浪荡来浪荡去，最后实在没辙了，做了副简易的渔具，在河边钓鱼。

河对岸有群大妈，每天在这儿漂洗衣物。其中一位老太太，发现韩信每天都来钓鱼，觉得纳闷。观察了几天之后，老太太发现韩信是被饥饿给逼的。她心地善良，便拿出自己携带的饭，分给韩信吃。韩信接过饭，狼吞虎咽。吃完之后一抹嘴，走人。

连续几十天，老太太都分饭给韩信吃。终于有一天，韩信吃完饭，认真地对老太太说：“将来我一定重重报答您老人家！”老太太鄙夷地看了眼韩信：“俺同情你才给你饭吃，你连自己都喂不饱，谁还指望你回报！”

韩信吃饱后继续在街上溜达。韩信的装束很拉风，尽管穿着破旧，却背着一把宝剑。这天，无赖韩信遇到了比他更无赖的人。此人，是淮阴城里一个卖肉的屠夫。可能最近生意实在不好，穷极无聊，屠夫来找韩信的碴儿：“嘿，哥们儿，你老是背把宝剑干啥？”

韩信冷冷地看了屠夫一眼，不理睬。

屠夫来劲儿了：“你长得高高大大，还背把宝剑，装侠客啊？有能耐你一剑刺死我啊！”

韩信继续不理。但是周围看热闹的人像嗅到了臭味的苍蝇，已经渐渐围上来了。

这屠夫是个典型的人来疯，见人多就更来劲了：“哥们，刺死我啊。你要是不敢，就从我胯下钻过去！”

韩信要走，被周围的好事之徒拦住，一起起哄：“刺他呀！快刺他！”

韩信脱不了身，没有办法，居然低下头来趴在地上，从屠夫的胯下钻了过去！

这个屠夫的胯，大约是历史上最值钱的胯了。未来的大汉相国，堂堂齐王、楚王，中国历史上的一代战神韩信，正在从他的胯下缓缓钻过！

不明真相的围观群众，这才满意地散去，纷纷讥笑韩信是个胆小鬼。

匹夫见辱，拔剑而起，挺身而斗。韩信不是匹夫，自然不会徒逞匹夫之勇。韩信要考量机会成本：你的命，跟我的命，不是一个价位。我杀你，不划算。

当时，秦朝已经濒临灭亡。秦失其鹿，天下共逐之。继陈胜、吴广之后，最强有力的逐鹿猎手，当属项梁、项羽叔侄。天下既乱，韩信的机会来了。他仗剑投奔项梁，希望能够凭借男儿手中三尺剑博取万户侯。

项梁很快战死，韩信追随项羽，多次献策。项羽一概嗤之以鼻。韩信在项羽手下郁郁不得志，而刘邦当时已经入关灭秦，被项羽封为汉王，正要入汉中。韩信索性抛弃项羽，投奔刘邦，当了一名下级军官。

屋漏偏逢连夜雨。韩信在刘邦手下触犯了军法，按律当斩。他被五花大绑押赴刑场，与其他人犯排成一字。刽子手拿着鬼头大刀，按顺序行刑。随着一声声惨叫，排在韩信前面的十三个人，脑袋一个接一个跌落尘埃。眼看就要到韩信了。刽子手用粗布擦干净刀上的血迹，抡起来就要往下劈！

就在这生死关头，韩信茫然无助地抬起头来，刚好看到夏侯婴在场。夏侯婴是刘邦手下屈指可数的名将。韩信病急乱投医，声嘶力竭地大喊："主公不想取天下了吗？为什么杀我？"

夏侯婴听到这话，大吃一惊。刘邦有夺取天下的野心，此事只有高层的几名军官和高参才知道，这名死刑犯怎么会知道？连忙喝令刀下留人。

夏侯婴给韩信松了绑，进军帐促膝长谈。谈话未终，夏侯婴已经敏锐地察觉到，坐在他对面的这个潦倒的年轻人，是当今世上数一数二的军事天才！夏侯婴兴奋异常，连忙找到刘邦，强力推荐韩信。

刘邦困居汉中，心情很差，根本懒得理会夏侯婴，随口道："哦，他这么厉害，那让他做治粟都尉吧，去管粮食。"

韩信的命运，并没有根本转折。尽管治粟都尉已经是一名中级军官，但是在韩信眼里，与小兵没有任何本质的区别：因为无论当小兵还是治粟都尉，都无法给自己提供一个展现全部才华的舞台。要想充分展现才华，恐怕只有担任汉军的最高统帅吧？可是，这对于一个平平无奇的无名小卒而言，又谈何容易呢？

其实，韩信的命运已经开始悄然转变。治粟都尉虽然无法尽韩信之所长，但起码这个中级军官的位置，让他能够接触到很多一流的牛人。比如：主管后勤的丞相萧何。

萧何与韩信多次接触，充分意识到韩信乃是历史上第一流的天才人物。他也意识到，韩信才非百里，越大的舞台越能够让他的才华展现得淋漓尽致。萧何多次找到刘邦，苦口婆心劝说他重用韩信，刘邦置之不理。

在汉中困居日久，许多汉军考虑到前途渺茫，加之思念家乡，都开始逃亡。逃亡的风潮越来越盛，最终许多官员也开始逃亡。韩信在刘邦手下也觉得待得没意思，打算另谋出路，便简单收拾一下行李，跟着大家一起逃亡。

萧何得知韩信逃亡的消息，大惊失色，连忙拔腿就追。巡逻的兵丁看到丞相萧何撒丫子乱跑，连忙跑来报告刘邦："汉王，不好了！萧丞相也跑了！"刘邦勃然大怒："跑吧！你们都跑吧！最好永远都不要回来！"说完，瘫软在座椅上，若有所失。

过了两天，萧何回来了。刘邦精神为之一振，随即破口大骂："老萧！你跑什么跑？"萧何恭谨回答："我哪是跑，我是去追逃跑的人来着。"刘邦一听，很好奇："哦？你追哪个？"萧何一字一顿："韩信。"刘邦大骂："你骗人！逃跑的人那么多，你追谁不好，偏偏追韩信？撒谎都不会撒！"

萧何不为所动："大王，一般人才容易得。韩信是天下无双的天才，跑了可就再也得不到了。这样吧，我给你做个选择题吧。"

刘邦："好啊。"

萧何："你的目标是什么？ A 是永远待在汉中做汉王。B 是夺取天下做皇帝。"

刘邦："当然是选 B。"

萧何："你如果选 A，那就没韩信啥事儿了，他哪儿凉快哪儿待着去吧。可是你选 B，那就非重用韩信不可了！"

刘邦不耐烦了："够了够了，成天韩信长韩信短，我耳朵里都听出茧子来了。我封他为将军，行了吧？"

萧何一本正经："不行。"

刘邦两个眼珠子惊讶地夺眶而出："什么？封他做将军都不行？难道要我封他为大将军？"

萧何眉开眼笑："谢大王！不过，封大将军这种事情不可草率。您得先挑个黄道吉日，沐浴、斋戒，然后登坛拜将。"

没过几天，刘邦沐浴斋戒，当众登坛拜将。樊哙、夏侯婴之辈，纷纷以为自己是不二人选。刘邦清了清嗓子，公布名单："韩信。"全军哗然，像炸开了一口锅。

韩信丝毫没有诧异。他稳步走上台去，接受拜将。由此，韩信从治粟都尉而一跃成为汉军最高军事统帅。他统领三军，创造了明修栈道暗度陈仓、背水一战、四面楚歌、十面埋伏等经典战例，成为中国史上的一代军神。

成功之后，韩信请来当年给他饭吃的老太太，重重答谢，实现了当初的诺言；而当年让他受胯下之辱的那名屠夫，也被韩信请来，当了一名下级军官。韩信报恩不报仇，显示出宽广的胸襟。

但凡天才人物，都有着极其强大的自信心，这是韩信成功的第一项要素。韩信即便是在最最落魄潦倒的时候，都对自己的未来满怀信心。他接受漂母的饭，表示将来一定报答，正是这种自信的体现。而当韩信的母亲去世时，韩信当时连厚葬的钱都没有，却依然挑了一块最开阔的坟地，说：“将来，我要让这周围住满万户人家。”果然，当韩信功成名就之后，迁徙万户人家簇拥在他母亲的墓边。

韩信成功的另一项要素，在于能屈能伸。他受胯下之辱而不以为意，原因就在于他对自己和对方都有正确的估量。只有命不值钱的人，才会轻易与别人拼命。小不忍则乱大谋，韩信是有大谋之人，当然能够忍耐小事；而那些因为鸡毛蒜皮而愤然拔刀之人，必定是胸无大志之人。

第三个成功要素，在于人脉。韩信在刘邦军中，随时准备积累人脉关系。他与夏侯婴、与萧何，都建立了良好的关系。倘若没有这两个人，他可能早就命丧刀下，或者一辈子寂寂无闻了。良好的人脉关系，必须靠平时的铺垫；而平时的苦心经营，在关键时刻就能起到意想不到的作用。

韩信要考量机会成本：你的命，跟我的命，不是一个价位。我杀你，不划算。
聊公手绘
韩信
屠夫
1,000,000,000$
10円

何进，南阳宛人，屠夫出身。请不要因为这个身份而将其想象成和董卓类似形象的络腮横肉男。早年何进的妹妹被选入宫中，并且得到灵帝宠幸，可见很有姿色；而何进的孙子何晏是魏晋时期著名的帅哥。从基因遗传的角度来讲，何进更应该是个风度翩翩的气质型中年男子。

何进：如此当家

在讲何进之前，有必要先叙述一段背景。

东汉的政治史，从第四任皇帝汉和帝以后，就跌入了一个可怕的轮回。汉和帝以后，东汉皇帝普遍寿命短。寿命短带来两个问题：要么还没有接班人，要么接班人年纪太小无法执政。总的来讲就是皇权失灵了。

皇权失灵没有关系，任何权力真空，都会被迅速填补。东汉皇帝年纪小，填补权力真空的一定是皇帝的亲戚。一个人的亲戚分两类，内亲与外戚。父亲这边的叫内亲，母亲那边的叫外戚。内亲与皇帝同姓，本身处于皇位继承的序列之中，只不过排序低于现任皇帝而已。所以对内亲而言，最大的好处，就是现任皇帝死掉。这样的企盼，并不利于小皇帝安全成长。所以掌权的，一定是外戚。名义上是太后，实际上是太后的兄长，也就是国舅。

小皇帝总会长大。小皇帝长大以后，想要重掌朝政。外戚当然不给。小皇帝没有办法，只好找人对付外戚。小皇帝身处深宫，唯一的亲信就是身边的宦官。小皇帝联合宦官，发动政变，才能推翻外戚。

前门驱狼，后门进虎。外戚推翻以后，宦官自然执掌政权。于皇帝何有哉?

皇帝既患于宦官，便又想联络亲近除掉宦官。可资借力的，无非还是外戚。

这就是东汉一朝，外戚、宦官轮流执政的恶性循环。

此外，还有一批“从道不从君”的人，叫作名士。名士，都是读孔孟书、行尧舜道的人。名士朝闻道夕死可矣，连皇帝都未必看在眼里，自然更瞧不上外戚、宦官。但是名士不成紧密的集团，势力单薄。反对外戚时，常遭外戚的毒手；反对宦官时，又常遭宦官的倾轧。

如此直到汉末，名士没有办法，只好姑且站在外戚一面，结成松散联盟，以抗衡宦官。原因一是汉末宦官更为得势，逼名士与外戚联合；二是宦官较之外戚，名声更恶。两恶相权，取其轻者。

好了，到了灵帝一朝，由于灵帝有幸生了两位龙子刘辩、刘协，于是后宫主要有这样几派势力：

一派便是“保协派”的董太后，以及她一位做骠骑将军的侄子董重；

另一派便是“保辩派”的何皇后，以及她哥哥大将军何进。

再有第三派，便是前面提过的张让、赵忠为首的“十二常侍”。他们并不明确表示自己的政治主张，只是一切向利益看齐。

兴许名士、外戚、宦官还会就此继续斗几个回合，但黄巾起义打破了一切旧的格局，首先便是保辩派的何进被任作大将军。

何进，南阳宛人，屠夫出身。请不要因为这个身份而将其想象成和董卓类似形象的络腮横肉男。早年何进的妹妹被选入宫中，并且得到灵帝宠幸，可见很有姿色；而何进的孙子何晏是魏晋时期著名的帅哥。从基因遗传的角度来讲，何进更应该是个风度翩翩的气质型中年男子。

何进在黄巾之乱期间的表现是整备了京师的防卫，侦破马元义的谋反，并且有赖他弟弟何苗平定了临近京师的一次暴动。

作为朝廷的一把手，何进只做了这些小修小补的工作，实在是缺乏见识。倒是军人皇甫嵩，能够处理政治上的问题，以解除党禁为解决军事问题的前提。这一手非常厉害，完全避免了把被禁锢的党人推到义军一边，从而降低了义军领导层质量提高和实力壮大的可能。

到了中平五年（公元 188 年），叛乱就比较严重了。何进听信了一位望气者的话，邀请皇帝去洛阳西门外一个叫作“平乐观”的戏台子参加了一次军事演习。灵帝参加演习以后很有感触，于是回来在京师洛阳练了八队人马以加强防卫，这八队兵各有校尉一名作为队长。这八个队长里面不乏人杰，其中便有袁绍和曹操。然而灵帝既看不上袁绍，更看不上曹操，却拣了一个肥壮的太监叫作蹇硕的作为总管这八队兵的元帅。这个元帅权力之大，连大将军何进也要受其辖制。

汉灵帝突然拔出个蹇硕来自然是有他的用意的。他有两个儿子，一个是何进的妹妹何皇后生的刘辩，一个是王美人生的刘协。灵帝竟然认为刘辩“轻佻无威仪”，想立刘协。但一来与嫡长制的宗法制度不符，二来何皇后正受宠幸，国舅何进又是本朝大将军，能量大得很。灵帝想来想去竟没有办法，于是在死前，虽则心不甘情不愿指定刘辩为接班人，同时暗暗把刘协托付给拥有八队兵马的元帅蹇硕。

试问蹇硕又哪里能够使动那八队兵呢，这里面的几位角色，袁绍是贵族子弟，一向与名士派交好；曹操的干爷爷虽则是太监，曹操却与袁绍等高干子弟打成一片。然而蹇硕竟企图诛杀何进再拥立刘协。他想：你何进虽然手握天下兵马百万，但这百万兵马总不能天天带在身上吧？于是在宫里伏了军队。没料到，他身边有个何进安插的间谍，在何进进宫的路上对何进使眼色。何进警觉得很，连忙跑回家，蹇硕唯一的机会终于失败。

何进遭了这次大险，对蹇硕怀恨在心。他听从了袁绍的建议，广纳天下名士，其中重要人物有这样几位：袁绍、伍孚、荀爽、荀攸、王允、郑泰、华歆、孔融、刘表、王匡、鲍信、蒯越、陈琳、郑玄、何颙、逢纪、边让。其中有不少都是当年党人中的头面人物，另有一些熟悉的名字，都是未来三分时的各家谋主。可以说，何进的大将军幕府一时真是人才济济。倘若何进能任用好这些人物，汉家出现中兴也未可知。

然而何进能不能善用这些人呢？其中一位名士郑泰就对荀攸说过："何公未可辅也。"而其他人物，似乎也并不热心于诛灭宦官，在他们的传记上几乎找不到这期间的丝毫作为。可以想见，责任并不主要在他们，而在何进。何进所热心的，只是消灭蹇硕。至于其他宦官，或者至于消灭了宦官以后怎么办的问题，都不是他那颗脑袋所曾思考的。

真正思考过的，是袁绍。袁绍是何进的谋主。像他这样一位人物，竟不像刘焉一般急着找个天高皇帝远的地方割据，可见见识确实高明。他要通过对政府运转的核心施加影响，既而操控整个局势。而施加影响的第一步，便是协助何进，剪除蹇硕。

蹇硕现在很有危机感。因为至少，大将军府第门面上是兴旺发达英才咸集的。蹇硕其实孤单得很，他表面上有八队人马，实际可以操控的不过自己的一队；而他身为一名太监，所能拉拢的势力，也不过是太监而已。于是他去寻求"十二常侍"带头大哥之一赵忠的帮助，要求联手吃掉何进。"十二常侍"竟也对蹇硕的意见不很热心，原因是何进并不曾侵害他们的利益，他们却曾对何进的妹妹有过恩情。这恩情是当年何进的妹妹嫉妒王美人生了刘协而把王美人毒死的时候，"十二常侍"帮着劝谏勃然大怒的灵帝收回了废掉何皇后的主张。

蹇硕叫天天不应，叫地地不灵，于是被何进看好时机吃掉。几乎同时，何进又听了妹妹的话带兵包围了"保协派"的骠骑将军董重的府第。董重自杀。董重是董太皇太后的侄子。董太后和何太后婆媳俩常吵架，就像我们小时候和小朋友吵架被打哭了总说："我叫我爸来揍你！"董太后也总说："我叫骠骑将军把你那个何屠夫的脑袋割了来！"现在何屠夫把骠骑的脑袋割来了，董太后心理落差太大，死了。

何进的心意，大约到这时已经满足了；但袁绍并不满足。他要求趁热打铁，把"十二常侍"一并消灭。何进耳根子软，感觉有道理。他不愿意独享这番道理，于是跑去说给妹妹何太后听。何太后只用一句话来反驳："没有了太监，你让谁来伺候我？”其实，何进在外面的凶险，岂是她这个妇道人家所能知晓的。而何进在外面的凶险，恐怕也不是何进本人所能知晓的，否则他断然不会觉得妹妹的这句话也很有道理而跑回去分享给袁绍听了。

真正明白其中凶险的，只有袁绍。他依旧极力向何进晓以利害。而另一方面，张让、赵忠也不闲着，先后买通了何进的妈妈舞阳君和弟弟何苗，一起到何太后耳边吹风。何进夹在这中间，用他那内存并不大的脑袋苦苦思索和挣扎，并不时跑进宫里和妹妹像商量家里到底要不要添置一台彩电一样争论要不要杀掉宦官。

袁绍认识到了问题所在。他所说的利害关系过于抽象，何太后理解不了。于是他打算来点形象的，便建议何进召了武猛都尉丁原假装造反，在洛阳附近放火。何太后居然毫不畏惧。何进便又从了袁绍的妙计，召董卓进京。丁原、董卓造反的理由都是要诛杀宦官。对于董卓军队的纪律不良，大概何太后是耳闻过的，终于害怕了，把大小太监一律罢免遣送回家。这些太监出了宫门竟不知路在何方，便跑来大将军府请教何去何从。袁绍建议何进立刻把他们全部杀掉，何进不从，只是让他们回家。袁绍只好假传命令，告诉太监们家乡的政府，说等太监们一回家就格杀勿论。然而张让却有办法通过娶了何太后的妹妹为儿媳妇这一层特殊关系，让大小太监又官复原职。

何进想杀太监，全世界都已经知道了，太监们自然也不例外。张让认为先下手为强，于是趁何进又进宫商量要不要添置彩电的机会把他控制住。张让带着哭腔委屈地怒斥：“你也不想想，你一个屠户，如何能有今日的荣光？倘不是老奴，你妹子能坐稳皇后的位置？你为何一再苦苦相逼？何况今日天下之败坏，岂尽是宦官的责任？满朝公卿以下，有几个是干净的？”这些问题，何进一个都答不出。宦官们便乱刀砍死何进，斩下首级，扔出门外。

一代枭雄何进就这么死在了宦官的手里，可惜他听不进手下人正确的意见，结果既没有做好东汉王朝的当家人，还胡乱送了自己的性命。

陈平是最典型的谋士。他的最高宗旨，就是为君主服务。君主要我做什么，我就做什么。说穿了，他把自己当作了君主的工具，而对于工具本身，是没有利益可言的。

陈平：宰割天下的打工皇帝

道术，乃是中国传统文化的一个暗面。

这项权谋文化，开创自老子。《道德经》五千言，根据司马懿的说法，不外乎“君人南面之术”。老子之后，其学一分为二：一派为老庄之学，追求心灵的解放；一派为黄老之学，追求在明哲保身的基础上干预政治。

所以，黄老道家从来都不是一个消极避世的学派。恰恰相反，黄老道家最擅长的就是冷静观察事物发展之规律，把握势力消长之态势，从而在其间游刃有余。道术，玩的是一种技术，玩的更是一种心态。

以技术而言，陈平堪称楚汉之际第一大“阴谋”家。陈平的谋略，以“阴”著称，举两个例子可以说明：第一，《史记》说陈平“凡六出奇计……奇计或颇秘，世莫能闻也”。陈平为刘邦出过六大计谋，但是除了当事人没人知道，够阴。第二，陈平晚年曾经慨叹：“我多阴谋，是道家之所禁。”夫子自道，可以作为一个旁证。

以心态而言，陈平能够在楚汉之际风起云涌的军事斗争和汉初波谲云诡的政治斗争中，始终保持一种闲庭信步的心态，轻松淡定，宠辱不惊，这是他制胜的法宝。

兼技术与心态而两全，就是陈平的道术人生。

陈平家里有三十亩薄田，但是陈平终日游手好闲，不事劳作。

好在，陈平有个好哥哥。他哥哥把三十亩地的农活一手包揽下来，每天起得比鸡还早，睡得比猫头鹰还晚，干得比牛还累，辛辛苦苦攒下一点钱，供陈平读书。

陈平的大哥虽然大字不识一个，但是农民的天性使他朴素地坚信：知识就是力量，念书才有前途。陈平没有辜负大哥的好意，他四处游学，遍访名师，学得一身文武艺，准备货与帝王家。

陈家老大每天在烈日和暴雨下辛勤劳作，刚过三十岁，就老得跟五十岁的人一样；而陈家老二每天看看书、击击剑，细皮嫩肉保养得很好。村里人开始说闲话了：“呀，陈平啊，你家这么穷，你吃什么长得这么高高大大的？”

陈平的嫂子听到了，气不打一处来。她早就对这位小叔子很看不惯了，这时候借着乡人的话头冷言冷语：“他呀，吃糠长大的。有这样的小叔子，还不如没有。”

陈平心胸开阔，嫂子的话左耳进右耳出，心中不存半点芥蒂，笑一笑就过去了。但是这话传到陈家老大的耳朵里，老大大发雷霆，当场休妻，重新娶了一个能够疼爱小叔子的嫂嫂。

这一年，乡里祭祀土地神，请陈平担任主持人，当时叫作“宰”。其中一个环节，是把祭祀之后的肉按份切割给大家。这是最麻烦的一个环节，每年都有人嫌多嫌少，闹得不可开交。

但是，陈平操刀，绝对公平。乡亲们皆大欢喜，毫无怨言，纷纷夸赞：“陈平这小子，做宰还真有一手啊！”

陈平听到此话，黯然神伤。我陈平身怀绝学，只能在此给人分肉，岂非笑话？大丈夫宁如是哉！想到此处，陈平不禁一声长叹：“嗟乎！如若让我宰割天下，大概也像这块肉一样吧！”

父老们听到这话，暗暗讥笑：陈平这小子，夸他几句就找不着北了。伟人在庸人眼中，永远是可笑的。燕雀安知鸿鹄之志？

宰肉事件结束之后，陈平决定结束浑浑噩噩的生活，毅然出仕。当时天下大乱，陈胜、吴广首义，陈平家乡所在地是原魏国故地，这时候也崛起了一位魏王。陈平投奔魏王，被封为太仆。正当陈平打算大展拳脚的时候，有人向魏王进谗言：“陈平可不是个好人啊，从小不事劳作、游手好闲，绝对不能留下他！”魏王一向疾恶如仇，当即疏远陈平。陈平看在魏王手下待不下去了，索性投奔势力最强的项羽。

陈平在项羽手下，做到都尉。但是项羽喜怒无常，众将惶惶不可终日。陈平在一次军事作战时，出了点小差错，项羽要找相关责任人，陈平索性逃跑，去投奔刘邦。

陈平来到刘邦军中，找到熟人魏无知，请他推荐。魏无知把陈平领进军营，跟陈平一块儿来的有七个人。陈平坐在七人之中，见到刘邦，刘邦挥挥手，吩咐属下：“把他们领下去，安排食宿。”另外六个人老老实实，跟着要走，唯独陈平一声大喊：“我有要事相告，不能拖过今天，否则就没用了！”

刘邦来了兴趣：“哦？那你留下，其他人下去吧。”

其实陈平哪里有什么要事相告，不过是吸引一下刘邦的注意力而已，略施小计就从七个人中脱颖而出，与刘邦单独会面。他得到与刘邦单独讲话的机会，便将平生所学尽力卖弄，侃得天花乱坠。刘邦大加赞叹，问：“你在项羽那儿，做的啥官？”陈平答：“都尉。”刘邦拍板：“好，你在我这儿也做都尉！同时，负责监督军中的将领！”

没多久，众将领受不了了，一起跑来找刘邦诉苦：“大王，您从哪儿弄来这么个人？管这么严，还让不让人活了？”刘邦一听，满心欢喜：嗯，陈平工作很负责嘛。

监军是个得罪人的活儿。很快，周勃、灌婴等元老就来说陈平坏话:“大王,陈平这人品行不端啊,在家的时候游手好闲,在您手下又收受贿赂。”刘邦马上把当年的推荐人魏无知找来:“你推荐的人怎么回事?既品行不端,又贪污受贿!”魏无知很无辜:“您当初要我推荐的是人才,可没有说要求这人品行怎么样。如今打仗,正是用人之际,如果大王要品德高尚的人,就算给你再多这样的人,那也打不过项羽啊!”

刘邦觉得有道理,但你受贿总不是回事儿啊,于是把陈平找来当面质问。陈平更无辜:“我来投奔大王的时候,身无分文。不收点儿小钱,没法生活啊。”刘邦觉得更有道理。陈平一看刘邦不追究,便狮子大开口:“大王,您要是给我很多钱,让我去花,我能帮您把项羽手下的能臣全给除掉。”刘邦在这种事情上毫不吝啬,开了张四万斤黄金的支票:“拿去!”

陈平用这笔钱,通过反间计将范增、钟离昧等一批谋臣良将全部拔除。项羽成了光杆司令,手下没有能用的文武,很快被刘邦解决,自刎乌江岸。

陈平在刘邦手下,屡出奇计,协助刘邦兵不血刃生擒了有谋反嫌疑的韩信,摆脱了匈奴的包围,功绩卓著。刘邦死后,吕后垂帘听政。王陵担任右丞相,陈平担任左丞相。

吕后有心扩大吕氏的势力,但刘邦生前有“非刘姓不得为王”的约定,所以颇为顾忌。她试探群臣的意思:“我想封我的几个兄弟为王,各位看如何?”王陵反对:“不行!”陈平赞同:“好啊。”

结果王陵被罢免，不久就死在家里。陈平被升迁为右丞相。吕后的妹妹在吕后面前说陈平坏话：“陈平这人做不了丞相啊，每天喝酒泡妞不干正事！”

陈平听到了，开始变本加厉。

吕后派人侦察陈平是否果然喝酒纵欲，得到肯定的答案后，很高兴，对陈平失去了戒心。不久吕后死去，陈平与掌握军权的周勃联手，铲除吕氏势力，迎立汉文帝。平定吕氏，周勃功劳第一，为右丞相；陈平虽然功劳也大，但不如周勃，为左丞相。

一天，汉文帝询问周勃：“今年全国有多少案子？”周勃一介武夫，哪知道这个，很茫然：“不知道啊。”汉文帝皱皱眉头，又问：“那今年全国粮食总收成多少斤？”周勃满脸通红，汗如雨下：“不知道……”

汉文帝扭过头问陈平：“你知道吗？”陈平毕恭毕敬回答：“这些事情，各有管事儿的人。治安情况，问廷尉；粮食收成，问治粟内史。”汉文帝饶有兴致地问：“都去问管事儿的，那丞相是干吗的？”陈平继续淡定：“负责管理管事儿的人。”汉文帝哈哈大笑，赞不绝口。周勃这才知道自己根本没有宰相之才，遂递交辞呈。于是汉文帝裁撤双丞相制，只保留一个丞相。陈平依靠自己的足智多谋，在汉初血洗功臣和吕后之乱两次劫难中安如泰山，历事高、惠、吕、文四朝，成为汉初政坛的常青树。

陈平能够保住常青树地位的秘诀在于：他从来不把自己当作一个利益实体。

韩信，尽管也许并没有不臣之心，但他胃口很大，一度在刘邦最艰难的时刻，索要“齐王”的头衔；张良，前半生一直在为韩国奔波忙碌，后半生则超然世外，做起了隐士。而陈平，是最典型的谋士。他的最高宗旨，就是为君主服务。君主要我做什么，我就做什么。说穿了，他把自己当作了君主的工具，而对于工具本身，是没有利益可言的。

陈平懂得韬晦之计，能够明哲保身；陈平知道提纲挈领，而反对事必躬亲——这都是道家的风格，当与陈平早年的学习生涯和个人的性格修为有关。陈平不愧为宰相之才，他的才能与他的容貌一样，都堪称历代名相中的佼佼者。

陈平
强迫症……
陈平不禁一声长叹：
「嗟乎！如若让我宰割天下，
大概也像这块肉一样吧！」
聊公手绘

幽默，是自信的表现。时时刻刻紧张兮兮的人，无法幽默。只有心态轻松，才有闲暇幽上一默。而在紧张激烈之时，能够做到心态轻松，毫无疑问是自信的表现。

东方朔：喜剧之王的面试经

一代滑稽大师东方朔，智力之高、幽默感之强，堪称风华绝代。而他的面试经历，也值得我们深入研究、反复揣摩。

汉武帝初即位，有励精图治之心、另起炉灶之志，下令："天下但凡有方正、贤良、文学、才力之士，欢迎各位前来求职。朕的政府，向大家敞开！"

当时天下刚刚经历过文景之治，社会底层正是元气涌动、人才层出不穷的时候，大量奇能异行之士跑到长安来报名。东方朔，只是其中的一员。

当他来到长安的时候，和他一样满怀憧憬来求职而在他前面排队的，就有上千人之多。大家早就已经丧失了刚来长安时的野心与梦想，满脸的麻木和市侩，住在公车署的集体宿舍里，吃着食堂里的垃圾食品，默默地消磨着自己的青春和锐气。

东方朔来自齐国故地，挟着大海般的开阔与海风的清新，进入了公车署。有一类人，无论走到哪里，都誓要将拉风进行到底。毫无疑问，东方朔就是这样的人，他注定要成为众人的焦点。

跟着东方朔一起来的，是一辆牛车。天哪，谁带着牛车来参加面试？这家伙该不会是农民出身吧？在公车待诏的候选人们穷极无聊，纷纷猜测、调侃着这个来历不明的新人。

但是，当东方朔把牛车上蒙着的那块布掀开时，调侃全部终止，仿佛进行过排练一般，大家一齐发出一声经久不息的惊叹声：牛车里满满当当，全是密密麻麻写着蝇头小字的竹简！

公车署的工作人员也被吸引来了。他还从来没见过居然有考生带了这么多竹简来参加面试的，倍感兴趣。工作人员问东方朔："这是？"东方朔微微一笑，绣口轻吐："简历。"

众人再次爆发出一阵惊叹：简历！这满满一车，全是简历！这家伙居然用牛车来拉简历！

工作人员叫来了好几个小伙子，才把这些竹简全部搬运下车，打包送往宫殿，皇帝的办公场所。

汉武帝看简历，已经看到头疼脑涨了。他随手拿过一篇简历，信手翻了翻：完全是格式行文，官样文章，毫无个性与特点可言，简历中也没有可圈可点的经历。啪的一声，汉武帝随手扔在一边，伸手去拿下一份。

这时候，宫殿的下人们络绎不绝走了进来，开始往几案上堆竹简。汉武帝一看新来了这么多竹简，头都大了。直到最后一批竹简堆放上几案，汉武帝已经被淹没在竹简之中。

汉武帝在高高的竹简堆后面发出声音："今天怎么来了这么多人？"

公车令回答："只来了一个人。"

汉武帝大吃一惊，站起身来，伸出脑袋："什么？一个人？这都是同一个人的简历？"

公车令回答："对。"

汉武帝赶紧把其他人的简历都推下几案，拿起简历最上面的一篇，开始读。这是一份多么引人入胜的简历，简直比最好读的畅销书还要风趣幽默、扣人心弦：

"臣东方朔，从小失去父母，而能扶养兄嫂。"这小子，父母去世之后，不是兄嫂抚养他，而是他扶养兄嫂！继续看下去。

"年十三学书，三冬文史足用。十五学击剑。十六学《诗》《书》，诵二十二万言。十九学孙、吴兵法，战阵之具，钲鼓之教，亦诵二十二万言。凡臣朔固已诵四十四万言。又常服子路之言。"这个东方朔，果然是博览群书，无论文学、史学、军事、武术，都很精通嘛。背书背了四十四万字，记忆力惊人啊！继续看。

"臣朔年二十二，长九尺三寸，目若悬珠，齿若编贝，勇若孟贲，捷若庆忌，廉若鲍叔，信若尾生。若此，可以为天子大臣矣。臣朔昧死再拜以闻。”嗯，首先他年轻有为，其次身高出众，而且帅死人不偿命，外加品德高尚，自诩可以做大臣。朕看了这么多份简历，都是扭扭捏捏假谦虚，想自吹自擂又要藏着掖着，没见过这么直截了当猛夸自己的，畅快！

汉武帝花两个月时间看完东方朔的简历，对此人产生了强烈的好奇心，下令：“东方朔带薪待诏公车。”不能轻易让你做官，看看你俸禄微薄，如何能在物价高昂的首都长安生活下去。

东方朔在公车署两个月，带来的盘缠都快花光了，这才得到上面的命令：带薪待诏公车。也就是说，虽然宣布了录用东方朔，但是一时没有具体职位的安排，你就继续在公车署待着，等待进一步的安排吧。

说是带薪，但毕竟没有正式编制，所以俸禄微薄得很。东方朔很快就把钱花完，生活日益捉襟见肘。

有一天，东方朔闲着没事在宫里瞎溜达，碰巧看见几个侏儒走过来。这些奇形怪状的小侏儒，是汉武帝养着观赏取乐用的，相当于皇家杂技团的小丑。

东方朔跟侏儒们打个招呼，看了看左右，压低声音说：“你们听到风声没？”侏儒们茫然地摇了摇脑袋。东方朔以一种透露国家绝密信息的语气，继续说：“皇上觉得你们这些人既不能打仗，又不能耕田，白白浪费国家粮食，所以在谋划着杀光你们呢！”侏儒们一听，吓坏了，哇哇大哭。

东方朔说："你们不要哭，我教你们个法子。待会儿皇上要打这儿经过，你们一起向皇上求情，说不定能够有条活路。"侏儒们听了，纷纷点头。

果然，汉武帝从这儿路过，一群侏儒飞跑到跟前，齐齐跪下，扑通扑通地磕头，哇哇大哭。汉武帝被他们哭得丈二和尚摸不着头脑，心烦意乱，问："你们哭什么？"侏儒们仰起脸来："东方朔说您要杀光我们。"汉武帝又好气又好笑，把东方朔叫来："你闲着没事，吓唬这些侏儒干啥？"

东方朔一脸委屈："这些侏儒，身高七十厘米，每个月领一囊粟，二百四十钱；臣高大挺拔，身高两米，每个月也是领一囊粟，二百四十钱。侏儒饱得要死，臣饿得要死。"汉武帝哈哈大笑："好吧，你从今天起，待诏金马门！"待诏金马门，相当于皇家高级顾问、智库成员了。

东方朔生活条件大大改善，便开始恢复了豪士本色。他每次参加宫廷宴会，吃完了还要把剩菜揣在怀里带走；他每年娶一个美女为妻，过了一年就离婚重娶，他的工资和奖金，都花在了女人身上。官府中人纷纷说东方朔是"狂人"，汉武帝笑着惋惜地说："他要不是有这些小毛病，官位肯定在你们之上！"

有一年夏天，皇帝赏赐大家一批猪肉。东方朔和官员们顶着毒花花的大太阳等了很久，仍不见主持分肉的长官到来。东方朔等不及了，呛啷啷拔出宝剑，说："大夏天的，肉要臭了，咱们自己动手丰衣足食吧！"说完，割了一块，不顾油污，揣在怀里就走。

事情被层层上报到汉武帝耳中，汉武帝叫来东方朔："你昨天怎么回事？不等命令，就擅自割肉？"东方朔摘下帽子，以极其夸张的姿势一躬到底，说："我错啦！"汉武帝忍住笑，说："起来吧，说说你错哪儿了。"

东方朔张嘴就来："东方朔啊东方朔，你受赐不待诏，何无礼哉！你拔剑割猪肉，何其壮哉！割的又不多，何其廉洁哉！带回家给老婆，何其仁义哉！"汉武帝终于笑场："让你自责，你却自夸！朕再给你个机会向老婆献殷勤。来人，赏东方朔酒一石，肉百斤！"

东方朔虽然成天没个正形，言谈举止荒诞夸张，但是心里极其透亮，明知善恶是非，经常通过小幽默的方式向汉武帝进谏。由于进谏方式得体，因此意见常为汉武帝采纳。但他又从来不拘小节，有一次喝醉酒在宫殿之上撒尿，被当场抓住，罢免一切官职。后来因为进谏有功，又官复原职。东方朔做官，起起落落，丢丢做做，总也到不了高位。但他安之若素，与其他大臣交往，也向来不卑不亢、口不择言。

几十年过去了，当初意气风发的汉武帝和东方朔，都老了。有一天，东方朔对汉武帝说："《诗经》有云：'营营青蝇，止于樊。恺悌君子，无信谗言。'希望陛下远离奸佞，勿信谗言。"

汉武帝听了，觉得纳闷："你往日说话，都要抖个包袱；今天怎么突然这么正经？"

过了没几天，东方朔去世。所谓“鸟之将死，其鸣也哀；人之将死，其言也善”，果非虚言！

回顾东方朔的仕途，究竟成功与否？值得细细评说。

首先，就他的面试经历来看，毫无疑问，出人意料地成功。东方朔能够在数千名面试者中脱颖而出，入汉武帝的法眼，凭借的正是别出心裁、出奇制胜的面试策略。他的简历，首先从形式上给人以过目不忘的感觉，引发考官的极大好奇心，从而先声夺人；其次在内容上不走寻常路，以新颖的构思与脱俗的行文，引起阅读者的兴趣。这些，都决定了东方朔的简历绝不可能是被人事主管随便浏览十秒钟就信手丢弃的一份。

而更让人感到莫名其妙的，可能是他当官之后的言行。他完全不顾小节，从而丧失了进一步晋升的机会，似乎令人扼腕叹息。正如汉武帝自己所说的，假如东方朔能够注意小节，也许他可以做到真正的高官。

但是呢，纵观汉武帝一朝的高官，几乎没有几个有好下场，大多数大权在握者都难免死于非命。而东方朔正是看穿了这一点，因此他志不在往上爬，而在于明哲保身。这一点，他做得可谓相当成功。

东方朔在朝中，不参与党派之争，不勾结诸侯王，不掺和皇帝家事，不直言强谏，只是说说笑话、吹吹牛而已。

东方朔曾经酒醉作歌，曰：“陆沈於俗，避世金马门。宫殿中可以避世全身，何必深山之中，蒿庐之下。”所谓大隐隐于朝，正是东方朔开的风气。

能智，能愚；能搞笑，能正经；能识大体，能不拘小节。这就是喜剧之王东方朔的传奇生涯。

幽默，是智力过剩的表现。只有智慧的人，才有能力幽默。蠢人尽管也可以让人发笑，但大多是通过出洋相的方式。

幽默，是自信的表现。时时刻刻紧张兮兮的人，无法幽默。只有心态轻松，才有闲暇幽上一默。而在紧张激烈之时，能够做到心态轻松，毫无疑问是自信的表现。

幽默，是职场最有力的武器和最好用的润滑剂。一方面，幽默可以让你的领导与同事见识到你的智慧与自信，另一方面，幽默更可以让尴尬化解于无形，让干戈化解为玉帛。

最关键的是，如果你幽默而不尖酸刻薄，那将是社交场合最讨人喜欢、最有人缘的人气王。良好的人缘，当然是成功的关键要素。

东方朔
公车令
工作人员问东方朔：「这是？」
东方朔微微一笑，绣口轻吐：「简历。」
聊公手绘

《增广贤文》里有句话:“但行好事，莫问前程。”卜式，正是这句话的身体力行者，觉得是正确的事情就努力去做，不管前途究竟是利是弊。倘若能够像卜式一样，心胸坦坦荡荡，在阳关大道之上一路高歌猛进，即便无法像他一样有这么好的运气官至御史大夫，起码，也会是个快乐的人。

卜式：捐款大王感动西汉

如果西汉时期有“感动西汉年度人物评选”活动，卜式一定会榜上有名。给他的颁奖辞，也许会是：

他总看国家，还需要什么；他总问自己，还能多做些什么。他舍出的每一枚铜钱、每一头羊，都滚烫火热。他越平凡，越发不凡；越简单，越彰显简单的伟大。

汉武帝时代，是中国历史上最富强的时代之一。汉武帝推行新的经济政策，鼓励经济发展。

当时国家政治生活的头号大事，是对付匈奴。军费是个无底洞。汉朝虽然在文景之治时期积累了大量的财富，但还是经不起战争的耗费，很快国家财政就捉襟见肘了。大河无水小河干，汉武帝开始在老百姓身上动脑筋。以前国家藏富于民，现在该是你们出力的时候了！

汉武帝想了一个办法：劝导天下百姓向国家捐款以支持征伐匈奴的伟业，而政府作为回报，则封赏他们一些没有实权的闲官散职。

汉武帝本以为诏书一下，会天下云集响应；没有料到就好似泥牛入海，杳无声息。汉武帝勃然大怒，骂骂咧咧："这些没良心的！将士们把脑袋别在裤腰带上打仗，为的都是谁？你们这群守财奴，竟然只顾自己挣钱，不为国家出力！"但是骂归骂，汉武帝总不能搞强制征收吧，实在没有什么良策。

就在这时，有官员来报告："有个乡下人，愿意捐献一半家财支援国家征讨匈奴。"

此人，即是卜式。

卜式，出生于河南郡的一个小康之家。父母去世后，卜式悉心照顾幼弟，将之养大成人。弟弟成年，卜式给他娶了媳妇。可是这位弟媳，却挑拨弟弟，闹着要跟卜式分家。卜式一言不发，便把全部家产、田地、宅屋都留给了弟弟，自己净身出户，只带走了家里的羊。

卜式带着这些羊，在乡人不解的目光中走进了村后的大山。他每天起早贪黑割取草料、喂养山羊，彻底成了一个牧羊人。这一干，就是十多年。

十多年之后，卜式和他弟弟的生活处境，完全倒了个个儿。卜式的山羊，已经繁殖到了一千多头，成了一笔不菲的财产，并且已经用以前卖羊得到的款项购买了田地和住宅；而他弟弟，则整天游手好闲、不务正业，把家产都败光了。卜式对弟弟丝毫不加责难，只是默默地拿出一笔可观的积蓄，送给弟弟。

就是这样一个老实巴交的牧羊人，听说国家有难，号召大家有钱出钱、有力出力，他的眼眶湿润了。他只是个农民，不认识字，便托人写了一封信，呈递官府，声明愿意拿出一半的羊捐献国家。

汉武帝听到这话，大为感动。一个农民，养了十几年羊积累下来一点点财富，居然就愿意拿出一半来捐献国家；而那些富商大贾、王公贵族，却偏偏坐拥金山一毛不拔。觉悟！看看人家这觉悟！

汉武帝派出使者，询问卜式："卜式啊，你想做什么官？"卜式摇摇头："俺只会放羊，不愿意做官。"

使者"哦"了一声，又问："那你难道是有什么冤屈，要官府为你做主吗？"卜式把头摇得跟拨浪鼓一样："俺跟俺们村里人可和气了，从来不红脸。没钱的，俺就资助他们；做错事的，俺就开导他们。俺不结仇不结怨，没有什么冤屈。"

使者觉得很奇怪：难道我今天真碰上活雷锋了？便询问：“那你究竟想要国家给你什么呢？”卜式更奇怪，为啥我一定想要什么才捐羊呢？便老老实实回答：“俺只是觉得，皇上既然要打匈奴，那我们就应该捐钱。我们捐钱，皇上有了军费，就可以打败匈奴了。所以俺捐羊。”

使者回去，把卜式的话一五一十告诉汉武帝，汉武帝备受感动，询问丞相公孙弘：“你看像卜式这样心地善良做好事不求回报的人，应该怎么赏赐？”公孙弘心地狭窄，他哪里相信这世界上真有做好事不求回报之人？便以小人之心度君子之腹：“卜式这人，捐钱又不求回报，完全不近人情！一定是个不老实不本分的人，想出一出风头，动机不纯。更何况，几头臭山羊能值几个钱？”

汉武帝没有办法，只好打发卜式回家。

卜式乐得个清静，快快乐乐回到家里。他之前已经把绝大多数的财产都分别送给弟弟和捐献国家了，现在又只能一切从零开始。但卜式心态好，他很享受这种慢慢积累的创业过程，很快又积累起了财富。

一年后，一批匈奴人被打服气了，愿意投降，归附内地。汉武帝便将内地的一批原住民迁徙到别处去，腾出地方来安置匈奴人。移民，是一项浩大的工程，官府开支不小。这时候，卜式再次拿出二十万钱，捐献给河南郡政府，表示对移民工程的支持。

河南郡政府将此事层层上报，传到汉武帝手中，汉武帝一看："这不正是上次捐一半家产支持国家征伐匈奴的人吗？公孙弘，你上次说他是沽名钓誉出风头，现在呢？"公孙弘不吱声。

汉武帝龙颜大悦，下令将一笔巨款赏赐给卜式。谁料到，卜式拿到了钱，又全部捐给了官府，分文不取。

汉武帝彻底被震撼了。一个河南郡的农民，不辞辛劳给国家捐钱，却又不肯要半点回报，这是一种什么样的精神？这种典型不树立，天理何在？朕要让普天之下只会向钱看的狗眼都瞧瞧，什么叫长者风范，什么叫正人君子！

汉武帝下旨，封卜式为中郎，赐爵左庶长，赐予良田十顷。并将卜式的事迹昭告天下，号召大家向卜式同志学习！

但是，卜式再次拒绝当官。他的理由很简单："俺只会放羊，不会当官。"汉武帝这次是铁了心要给卜式荣华富贵，他想了个办法："朕的上林苑里有一群羊，你就替朕放羊吧。"汉武帝要给这个放羊人开出天下最高的工资，以此刺激那些一毛不拔的达官显贵。

卜式硬着头皮到了京城，虽戴着"郎"的官衔，却整日里穿着土布衫，挥着羊鞭牧羊。转眼一年过去，卜式牧羊非常成功，皇帝抚摸着膘肥体壮的群羊，问他有何妙诀。

卜式在长安混迹了这么多年，所接触的除了羊之外都是达官显贵，自然摸准了官场的一些门径。他的回答很是机智："按照它们自己的规律来放牧它们，而对于个别的坏羊，则挑出来送进屠宰场，以免成为害群之羊。这管羊，跟陛下您管理我们，是一个道理。”

汉武帝听到这话，舒坦得不行：“你放羊，我放心；你管人，料来也差不了。给你个县令当当吧。”于是羊倌卜式，一跃而成为县令。

卜式用他的放羊理论治理地方，前后历任两个地方的县令，居然都政绩不俗。汉武帝大喜，把他提拔为齐国的太傅，不久便正式任命为齐国的丞相。

卜式的事迹，被汉武帝拿来作为典型事例：“卜式是爱国主义典范，爱国就要不爱财。像卜式这样的人不做官，天理难容。天下的富人都要明白这道理，只要你们肯献出自己的财富，我的手头有的是官衔和爵位。”但是，仍然得不到任何响应。

司马迁在《史记》中讲得好：“天下熙熙皆为利来，天下攘攘皆为利往。”真正像卜式这样的好人，出于最纯洁的动机而捐钱的，能有几个？尽管汉武帝不在乎动机，他只在乎“卜式效应”所带来的金钱与粮草，但天下人也都有自己的算盘：我们捐那么多钱，天底下哪有这么多诸侯国的国相与郡守让我们当？真正能够出名的，恐怕也就只有第一个吃螃蟹的卜式而已，我们才不会傻到当炮灰的地步！

汉武帝是军事狂人，刚结束北边与匈奴的战事，立马又要展开与南边的南越作战了。但是，国库实在已经入不敷出，而且连兵员都十分紧张。就在这个关头，卜式再次上疏：“国家有难，臣请求带着臣的儿子和齐国所有的水军，开赴南越，与敌人一决死战，为国尽忠！”

又是卜式！汉武帝两眼放光：你总是在朕最需要你的时候出现，连最擅长揣摩朕心意的太监都做不到这一点啊！汉武帝当然不会让卜式真的开赴前线作战，他要的只是这句话的宣传效应。汉武帝下诏，赐卜式爵关内侯，黄金四十斤，田十顷。同时，再次将卜式的事迹与所得赏赐布告天下，广而告之。

榜样的力量，在一个有信仰的时代是无穷的；但是汉武帝的时代，是一个无比崇尚功利的时代。尽管卜式的事迹都已经被宣传得烂了，仍然没有人受到鼓舞而大肆捐款或踊跃参军。

这并不影响卜式的仕途。很快，汉武帝提拔他为御史大夫。御史大夫乃是汉朝仅次于丞相的二号首长。河南好人卜式，终于以他淳朴的天性与非凡的际遇，实现了从羊倌到御史大夫的飞跃，创造了中国史上的仕途奇迹。

卜式，靠汉武帝的政策而发迹，也成了另一项政策的牺牲品。汉武帝任用桑弘羊，实施盐铁官营。卜式本能地认识到，这是与民争利，与藏富于民的政策是背道而驰的。他劝谏汉武帝，指责盐铁政策。汉武帝很不高兴，将他贬为太子太傅。

太子太傅，是一个清闲的教育职位。老好人卜式，终于可以不再与他所不擅长的名利场打交道，而得以颐养天年，终老在太子太傅的位置上。

汉武帝朝，风云际会，各种奇人异才纷纷大显身手，取官位如拾草芥。有的人，凭借军功无双博取功名；有的人，凭借修明儒术博取高官；有的人，凭借溜须拍马博取厚禄。唯有卜式的成功，显得如此踏实质朴，毫不耀人眼目。

《增广贤文》里有句话："但行好事，莫问前程。"卜式，正是这句话的身体力行者。觉得是正确的事情，就努力去做，不管前途究竟是利是弊。倘若能够像卜式一样，心胸坦坦荡荡，在阳关大道之上一路高歌猛进，即便无法像他一样有这么好的运气官至御史大夫，起码，也会是个快乐的人。

当你精于算计、一毛不拔之时，你只不过把眼光局限在你与同事之间，你攻我守，计较那一点蝇头微利。当你慷慨大方、乐于助人之时，你就是把眼光放到了一个更加高远的位置。

位置决定高度，有的时候反过来同样成立。先自己把自己摆在一个高度上，然后别人才会把你摆到那个高度上去。这就是慷慨的秘诀。

汉武帝这次是铁了心要给卜式
荣华富贵，他想了个办法：
「朕的上林苑里有一群羊，你
就替朕放羊吧。」
聊公手绘
卜式
奉旨牧羊
御羊

汉朝从汉武帝往后，宰相的权力中落，内朝逐渐强大。在这样的情况之下，皇帝所需要的不再是精明能干的宰相，而只是一只花瓶罢了。田千秋依靠他宽和的性格与平庸的能力，非常得体地给皇上扮演了花瓶的角色。

田千秋：说梦话可以做宰相

没有实力而凭借一时的机遇飞速升迁，恐怕未必是一件好事。这样的政坛红人，十有八九下场凄惨。比如嫪毐，比如邓通。那么，有没有例外？当然有，田千秋就是个例外。

田千秋为什么可以成为例外？

从贬义的角度来回答，田千秋靠的是平庸；从褒义的角度来回答，叫作“有大臣之体”。

什么叫作“大臣之体”呢？说穿了，就是性格宽和外加能力平庸。

汉朝从汉武帝往后，宰相的权力中落，内朝逐渐强大。在这样的情况之下，皇帝所需要的不再是精明能干的宰相，而只是一只花瓶罢了。田千秋依靠他宽和的性格与平庸的能力，非常得体地给皇上扮演了花瓶的角色。所以，田千秋以一个守墓人起家，居然能够位至宰相，寿享天年，也就不是偶然了。

也正因为如此，读懂了田千秋，比读懂嫪毐、邓通，更具有意义。

田千秋的身世，极其煊赫：他的祖上，乃是战国时期齐国的国君，田氏代齐之后便南面称孤，占据山东最富饶的国土。但是，风水轮流转。秦国统一天下之后，田氏的贵族血统就没有任何意义了。汉朝建立之后，齐国田氏作为声名煊赫的“关东九族”之一，被举族迁徙到咸阳附近的长陵定居。而传到田千秋这一代，他的官职是“高寝郎”：给汉高祖刘邦看守陵寝的小官，也就是今天所谓的“守墓人”。

和死人打交道的守墓人，从正常的仕途升迁体系上来讲，是没有任何前途可言的。但是，田千秋却在这个位置上做出了一鸣惊人之举，而这个举动也从此彻底改变了他的人生轨迹。

当时，首都长安刚刚发生了一起震惊全国的重大案件：巫蛊案。

所谓“巫蛊”，是指采取诅咒、针扎小人偶等方式，希望利用超自然力量对他人的生命健康造成损害的一种恶性犯罪。当时，酷吏江充本着“宁可错杀一千，不可放过一个”的基本精神，为汉武帝查处巫蛊犯罪，将整个长安城搞得乌烟瘴气。最后，江充搜查到了太子的寝宫，居然也“发现”了巫蛊娃娃。太子知道江充的手段毒辣，自然不肯坐以待毙，便先杀江充，再假传圣旨征召军队，发动兵变。汉武帝父子俩，就此在长安城打得不可开交。事实证明，姜还是老的辣，太子兵败身亡。汉武帝余怒未息，继续查办此案。

由此，案子越办越大，难以收场，牵连的范围也越来越广，汉武帝终于坐不住了。而案情也随着调查的深入而逐渐明朗化，汉武帝终于渐渐察觉到：太子可能是无辜的。汉武帝的内心，浮现出一丝常人不易察觉到的悔意。

事情闹大了，也该收场了。可是，下出去的圣旨等于泼出去的水，究竟该如何收回？

这一丝悔意，满朝文武无一察觉，却偏偏被不起眼的守墓人田千秋捕捉到了。田千秋揣摩着皇帝的心意，凭借着自己的良心，极其大胆地写了一封上疏，直截了当地为太子申冤。这封上疏是这样写的：

“儿子用老爹的兵，不过是责打一顿板子的罪过罢了；何况是天子的儿子过失杀人，哪有多大的罪？”

应该说，在这样一个政治空气极度敏感的时期，写这样一封上疏，是需要冒极大风险的。如果皇帝欣赏，也许可以加官晋爵；如果逆了龙鳞，可能就是掉脑袋的死罪。

满朝文武一声不吭，噤若寒蝉，偏偏一个小小守墓人田千秋有这样的勇气，喊出了底层人民的心声，也击中了汉武帝的心事。当然，田千秋也不是一介莽夫，他在这封上疏的末尾添了一句话。正是这句话，给他加了个保险栓，增强了上疏的安全系数。

他说："以上这些话，是臣晚上做梦梦见一个白胡子老爷爷教我说的，不是臣自个儿想出来的。"皇上要是想怪罪下来，就去怪罪那个白胡子老爷爷吧，不要怪到我头上。

这样一句梦话，体现了田千秋大智若愚的政治智慧。首先，他把责任推到了子虚乌有的白胡子老头儿身上，帮自己撇清了关系；其次，汉武帝最近既然追查巫蛊案追查得如此严厉，说明汉武帝对于神神鬼鬼这一套无比迷信，用"托梦"这一形式，正好投其所好，比直接犯颜强谏效果要好得多；第三，联系到田千秋的职务——看守汉高祖的陵墓，那么那个所谓的"白胡子老爷爷"，也就可以确有其人或者说确有其鬼了。

但是，无论如何，这封上疏所可能带来的后果仍然极具风险。风险越大，回报越大。田千秋上疏之后，小心脏扑通扑通乱跳，等候着命运的审判。

实际上，这封上疏果然言中了汉武帝的心事，击中了他内心中最柔弱的一面。汉武帝下令：召田千秋进宫。

田千秋哪里知道此行究竟是吉是凶？西洋人有谚语云："做最好的准备，做最坏的打算。"（hope for the best，prepare for the worst）田千秋给家里交代了后事，郑重地向汉高祖的陵墓作了祷告，便毅然决然离开。他知道，无论结果如何，他都再也不会回到这里。

风萧萧兮易水寒，壮士一去兮不复返。虽千万人，吾往矣！

田千秋穿上最好的衣服，打扮得漂漂亮亮，以烈士就义的姿态，毅然走进了西汉政治运转的核心区域——汉武帝的宫殿。汉武帝见田千秋身高八尺有余，容貌俊朗，风度翩翩，心中非常高兴。观其为文，见其为人，汉武帝对田千秋有了绝佳的印象。

汉武帝说："父子之间的事情，外人是很难发表意见的。唯独你能敞开心扉，向我说明太子的心迹。朕要封你做朕的辅政大臣！"

于是，汉武帝拜田千秋为大鸿胪，是仅次于三公的九卿级中央高官。

不插手他人的家事，是混迹官场的一大古训。譬如诸葛亮，当年受刘琦求计，死活不肯置一词。那么，田千秋为什么却偏偏反其道行之，还能取得如此成功呢？原因在于：不插手他人的家事，并非一条死规矩。

拿我们生活中的常识来讲，看到邻居父子吵架，怎么办？当然应该上去劝架，而且切记不能拉偏架。这是人之常情。以人之常情处理官场问题，当然不会出问题。所以，所谓"不要插手他人的家事"，乃是指的不能挑拨离间，不能拉偏架，如此而已。

田千秋的好运，才刚刚开始。他担任大鸿胪没几个月，工作还没有完全上手呢，汉武帝又立即拜他为丞相，封为富民侯。仅仅因为说了一句梦话，便由守墓人直接破格提拔为一品宰相，这样火箭般的升迁速度，在整个汉朝也是绝无仅有的。因此，《汉书》评价田千秋："田千秋这个人，既没有能力，又没有功劳，一句话说得巧妙，就拜相封侯，开天辟地以来可不曾有过这样的事情。"

联系到李广身为百战名将，在战场上出生入死屡立奇功而一生不得封侯，田千秋这个丞相和侯爵，来得也确实太容易了一些。《道德经》有云："福者祸所依。"天底下从来没有免费的午餐，田千秋平白无故得到这样的高官厚爵，自然容易引起别人的眼红。毫无实际能力的田千秋身居相位，究竟会如何自处呢？

田千秋，做了一个教科书式的示范。

汉武帝时代，攻打匈奴大宛，拓展边境，晚年又闹巫蛊之祸，国力衰退严重。田千秋被任命为相，"富民侯"的"富民"二字，明白无误地表达了汉武帝希望将国家的重心由军事斗争、政治斗争转到经济建设上来。

田千秋再次敏锐洞察到了这一点。因此，他恢复了"文景之治"时期"不折腾"的无为之治。田千秋为人敦厚朴实，宽宏大量。他虽然没有实际的能力，却也从不"乱作为"。而这，正是一个受尽疮痍的国家所需要的可贵品质。

由于田千秋谨慎小心，虽然没有功劳，但也没有过失，因此他稳稳当当坐在丞相的位置上，直到汉武帝病逝。

汉武帝死时，太子还很小，所以按照一般惯例要进行“托孤”。田千秋是汉朝丞相，理所当然应该是首席托孤大臣。但是，汉武帝的托孤名单里，霍光才是第一名！除霍光之外，金日磾、桑弘羊、上官桀与田千秋，一起接受托孤，排名不分先后。也就是说，汉武帝一死，田千秋在中央的排名，立即由第一名跌落到第五名！

换了常人，无论如何难以心平气和接受这个结果。但是，田千秋却毫无怨言。他完全明白汉武帝做出这样一个人事安排的用心：第一，霍光是外戚，政治上更可靠；第二，幼主即位，需要一个敢作敢当、能够镇得住场子的强势人物，这一点霍光无疑比田千秋更合适；第三，霍光的兄长霍去病能力卓越，有其兄必有其弟。因此，作为首席辅政大臣而言，霍光显然是比田千秋更合适的人选。

田千秋牢记《道德经》“不敢为天下先”的教训，把霍光推到聚光灯下，自己则在幕后踏实工作。反倒是霍光有点儿过意不去，对田千秋说：“我和您一起接受先帝嘱托，我治内，您治外，您要时时刻刻督促我霍光，以免我犯错误啊！”田千秋和气地一笑：“哪里哪里，唯将军留意，则天下幸甚！”田千秋的意思是：咱俩不是平分秋色的平级关系，而是您说话、我照办的上下级关系。

田千秋明智地摆正了自己的位置，自然深得霍光青睐，官位可保无虞。

田千秋摆正了自己的位置，但是有人摆不正了。一起接受遗诏的桑弘羊、上官桀，勾结他人企图推翻霍光，结果都被满门抄斩。至此，金日磾病逝，桑弘羊、上官桀被杀，当初辅政的五大臣终于只剩霍光一家独大。而田千秋却能够在宫廷斗争的血雨腥风之中幸存无恙，绝非偶然。

田千秋晚年年老体衰。皇帝特别恩赐，允许他坐小车上朝。所以，人们就称呼他为“车丞相”。渐渐地，蕴含着皇恩浩荡之意的“车”便取代了“田”成为田千秋的又一姓氏，“车千秋”之名也就此叫开了。

能以一句话拜相封侯，在汉武帝、霍光两大强人的笼罩下，生前官至宰相、死后哀荣无限，这正是田千秋的仕途奇迹。

田千秋晚年，年老体衰。皇帝特别恩赐，允许他坐小车上朝。所以，人们就称呼他为「车丞相」。

聊公手绘

石奋一家子，从喜欢杀戮功臣的汉高祖时代开始，到杀臣子如割草的汉武帝时代，都能够保有荣华富贵，满门出了十几个高官，绝非偶然。这与石家踏实勤恳的门风，关联莫大。

石庆：数学白痴做官有玄机

从老爷子石奋到石庆，万石君一家的家传法宝就是“谨慎”二字。

但是，我要在这里谈的，不是谨慎，而是行为艺术。

谨慎，有一个重大缺陷：难以被人察觉。谨慎与张扬不同，一个人只要张扬一次，就会被鉴定为“此人很张扬”；但一个人必须谨慎很长时间，才会被鉴定为“此人很谨慎”。如何改进这个缺陷？石庆给出了答案：

行为艺术。

行为艺术者，略带夸张的表演也。石庆数马的经典桥段，一下子让皇帝记住了这个寂寂无闻的小子，从而留下了“此人非常之谨慎”的深刻印象。

万石君本人，名叫石奋，原本只不过是个秦朝的小官吏。一次偶然的机会，石奋遇到了刘邦。刘邦非常欣赏石奋的谦虚谨慎，就对石奋说：“小鬼，跟我混吧，如何？”石奋当然求之不得，于是做了刘邦的秘书，负责接待工作。

石奋作为一名秘书，既没有机会像韩信一样攻城略地，也没有机会像张良一样运筹帷幄，只好勤勤恳恳做好接待工作。接待工作，需要接触各式各样形形色色的人，所以琐碎而棘手，很不好做。但是石奋小心谨慎，不曾出过岔子，而且还借此机会建立起了良好的人际关系。

没有岔子，也没有功劳，只凭借着多年辛勤工作的苦劳，石奋在汉文帝时期，终于升官做到了太中大夫的位置。当时，汉文帝正在为一件事情感到头疼：太子该读书了，要给太子选个老师。汉文帝想听听群众的意见，没想到朝野上下一致推选石奋，于是石奋又干起了皇室家庭教师的工作，即太子太傅。

石奋为人方正刻板，小心谨慎到了近乎神经质的地步，当然将太子管教得服服帖帖，教养良好，汉文帝非常高兴。

汉文帝驾崩之后，太子登上皇位，是为汉景帝。汉景帝受够了这个魔鬼教师，即位之后的第一件大事就是把石奋调任到地方上担任诸侯国的国相：石老师，我再也不想看到你了！

拜拜！

石奋的能力虽然不强，但教育手段可谓一流。除了景帝之外，他的四个儿子也受到了极其严格的家教，个个以谨小慎微著称，堪称是石奋的翻版。这四个儿子，都做到了高官，因为每个月有一百二十斛粮食做俸禄，所以当时称为“二千石”。

汉景帝表彰石老师：“石老师一家子真了不起，五个人都是二千石，加起来都有一万石啦！”于是尊称石奋为“万石君”。

一个家庭，进行怎样的教育才能培养出四个高官呢？我们不妨来借鉴一下万石君的经验。儿子们刚做小官的时候，下班回家，老爷子一定穿着制服，恭恭敬敬在大门口迎接儿子。儿子们犯了错误，老爷子从来不责备；等到开饭的时间，老爷子不上桌，绝食，闹脾气。直到儿子们展开批评与自我批评，写检讨，做道歉，央求家族里的长辈前来说情，老爷子才肯动筷子。

石家的门风谨慎保守，举世闻名。汉景帝死后，汉武帝即位，年纪轻轻要搞改革，任用了一批行事风风火火、大刀阔斧的儒生，得罪了不少权贵。窦太后勃然大怒，把这些冒失的改革派杀的杀、免的免，决定起用一些保守而谨慎的人当官，当然就相中了万石君一家子。于是，老大石建被任命为郎中令，小儿子石庆被任命为内史——都是皇帝的贴身官员。

长子随父，石建的谨慎也是青出于蓝。他做郎中令的时候，老爷子石奋还健康地活着。石建每周都要亲自登门拜访老爷子。

石建在郎中令的位置上，有什么建树呢？举一个例子就知道了：有一次，石建给皇上写了一封奏折，皇上批阅之后发还。石建不放心，把奏折再读了一遍，吓得面如土色，跑到皇帝面前连连叩头，连称“死罪”。皇帝很纳闷：“你怎么了？杀人放火了？哪来的死罪？”石建还是惊魂未定，面色煞白，支支吾吾不肯说，只是一个劲地求皇上饶命。

汉武帝来了兴趣：“说吧，朕恕你无罪。”石建这才开口：“臣的奏折上写错了一个字：‘馬’字下面，应该是四个点；臣一时粗心，只写了三个点，恳请皇上恕罪！”

石庆原本是万石君四个儿子中间最大大咧咧的一个。他有一次喝醉酒开车回家，进小区大门的时候没有下车。这事情被万石君得知，老爷子照例小题大做，生闷气、绝食那一套又开始了。石庆没有办法，按照程序来吧，于是自我批评、写检讨、求饶、央长辈帮着求情……

终于，老爷子怒气渐消，语重心长对石庆说：“你开车进小区，绝对够拉风。可是你有没有想过，你这么拉风，平民百姓就看在眼里恨在心里。激起了民愤那就是死路一条啊！”石庆听到这话，出了一身冷汗，于是积极向老爸和哥哥看齐，从此每次坐车回家，到小区门口都下车低头步行，再也不敢长驱直入。

有一天，石庆为汉武帝驾车出门。汉武帝在车厢里面颠啊颠啊的，很是无聊，又没个可以聊天的人。汉武帝穷极无聊，只好找极其无趣的石庆来聊天。可是，聊天总得有个话题吧，汉武帝随口问了一句："几匹马在驾车？"

经典的场景出现了。石庆缓缓举起手里的马鞭，指向最左边的一匹马，嘴里数："一。"然后用马鞭指向第二匹马，数："二。"接着一匹一匹朝右边数过去："三，四……"

汉武帝在车厢里等了半天没有回音，撩开帘子一看，石庆正在数马呢。汉武帝纳闷：怎么，拉个车，有几十匹马吗？他打眼一看，六匹马而已嘛，再看石庆，刚好数到："五，六。"石庆数完一遍，再来回瞟一眼，验算了一次，这才慢慢回过头来，脸上浮现出恭谨而腼腆的微笑，胸有成竹地回答："回皇上的话：臣窃以为，应该是六匹马吧。"

石庆稳重踏实而谨小慎微的作风，还是给汉武帝留下了不可磨灭的印象。很快，石庆子承父业被选用为太子太傅，接着升官为御史大夫，最终做到了丞相的高位，算是一人之下万人之上了。

石奋一家子，从喜欢杀戮功臣的汉高祖时代开始，到杀臣子如割草的汉武帝时代，都能够保有荣华富贵，满门出了十几个高官，绝非偶然。这与石家踏实勤恳的门风，关联莫大。

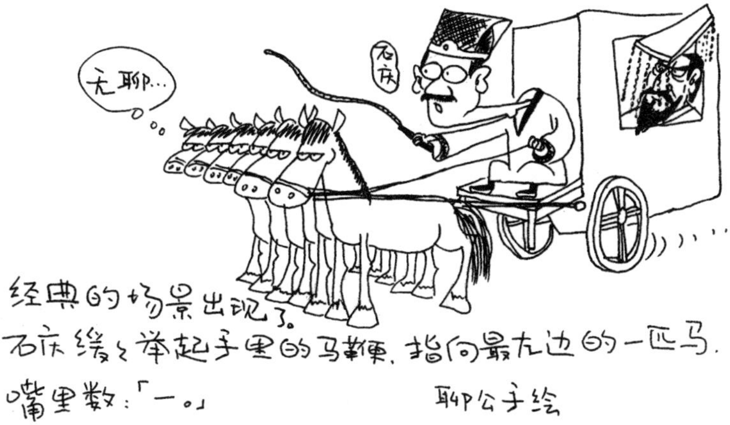
无聊…
石庆
经典的场景出现了。
石庆缓缓举起手里的马鞭，指向最左边的一匹马，
嘴里数：「一。」
聊公子绘

司马懿第一次如果直接应征，则根本无法在广大应征者中引起曹操的注意。注意力资源，有时候是比官位更重要的资源，是一种仕途晋级的潜在资源。得到上级的器重，职未必高，权一定大；如果被上级忽视，职再高，却可能是个虚位。

司马懿：赖床七年做大官

司马懿是不折不扣的官二代，他老爸司马防，曾经担任洛阳令、京兆尹。尤其难得的是，司马防曾经提拔曹操担任洛阳北部片区的治安长官。所以，曹操发达了以后，就想投桃报李，提拔司马防的儿子们。

公元 201 年，曹操正式聘请司马防的儿子当官。当时，司马防有两个儿子符合出仕条件：大儿子司马朗，二儿子司马懿。大儿子与二儿子，在古代社会地位可谓天壤之别：大儿子，也就是嫡长子，是父亲的一切政治遗产继承者；小儿子，就只能跑出去凭自己的本事另立一房。

接到北中国最有实力的曹老板的聘书，大公子司马朗乐颠颠地出仕，在曹操的司空府当了一名属官。

这是当时的正常仕进路线：三公属官——地方县令守长——中央中高级官员。

二十出头的司马懿则已经成了东汉的一名基层审计员，当时叫“上计吏”。东汉名存实亡，司马懿一直在等待跳槽的机会和实力派大老板的聘请。曹操的聘书，对于司马懿来讲当然是不可多得的机会。但是，司马懿选择的是——

拒绝！

司马懿连基层小吏都欣然出任，为什么居然会公然拒绝当今天下最强大的头号霸主曹操的聘请？

不但如此，司马懿连已经到手的上计掾也一起抛弃，索性辞官回家。他拒绝曹操聘请的理由也很神奇：我得了风痹，也就是严重的风湿病，严重到长年累月下不了床。

司马懿莫不是失心疯了？

当然不是，他有自己的考虑。

如果和大哥一起上任，那么大哥凭着他的身份（司马家长子），升迁速度必然在我司马懿之上。

退一万步讲，即便凭借能力能赶超大哥，曹操府中的要职都已经被荀彧、荀攸、郭嘉、贾诩、程昱这些传说中的超一流谋士占据了。我在别人眼中，不过是个靠老爸的关系进来的纨绔子弟罢了，有什么资格去和他们争？

而且，就目前的天下形势来讲，袁绍虽然新败，但似乎还没有到一蹶不振的地步；袁曹之争，鹿死谁手，尚未可知。当今之世，君择臣，臣亦择君。选择一个主公，就是一次风险投资。如果急着应曹操的征辟，一旦袁绍翻盘，这项风险投资就要泡汤。

更何况，曹操并不是一个理想的主公。在他手下，世族与寒族一视同仁；甚至由于曹操本人出身并不是太光彩，乃是宦官的干孙子，寒族的代表，所以在曹操的手下，寒族人士更受到青睐，世家大族则受到一定程度的打压。我司马懿身为河内司马氏的代表，自然不可贸然追随曹操。

再者，大哥司马朗已经在曹操手下，我司马懿还可以观望观望，看哪家老板有潜力。看今天的局势，未必那么容易天下一统。我兄弟数人，各保一家，岂非给我司马家族上了多重保险？

司马懿高卧病榻。他要放长线，钓大鱼。

使者领着司马朗回到曹操府第。曹操见只领回来一个人，显然对没领回来的那个更感兴趣。他心不在焉地吩咐人事经理给司马朗安排了一份职位，接着饶有兴致地想知道司马懿的情况。

使者说，司马家的老二得了风痹，不能起床。

风痹？曹操一笑，我十几岁就能装中风把我叔父玩得团团转，你区区司马懿瞒得过我？

“你有没有亲眼见司马懿卧床不起？”

“没有，属下只在前堂，未曾去后房。”

“你现在去刺探一下，看他是不是真起不来了。”

“是。”

“慢……你后天去刺探一下。”

“是。”

使者领着司马朗走后，司马懿直挺挺地躺在床上不动弹。

司马懿的新婚妻子张春华提醒司马懿可以起床了。张春华是本地一名地方官的女儿，刚和司马懿成婚。

司马懿仍然不动。

因为得风痹而不能当官这样的谎言，被戳穿的危险性什么时候才会消失呢？答案是：风痹痊愈的时候。

再问：风痹多久能痊愈？

再答：最起码得好几年。

其实，是不是撒了装病的谎，就必须一直躺在床上呢？不是，关键看你欺骗的对象是谁。如果像四十七年后诈病骗曹爽的话，就没有这个必要。

但这次撒谎的对象是曹操。撒谎是要看对象的，对象不同，代价就不同。

所以司马懿既然撒了这个谎，就有义务在床上躺个几年来圆谎。这就是撒谎的代价。这样的代价值得不值得？待会儿咱们会专章分析。反正现在的司马懿只能老实躺在床上。

事实证明，司马懿这样做是对的。第三天，曹操的使者来了，像一个轻功绝顶的武林高手，随风潜入司马家府邸，悄无声息飘到司马懿“病榻”的窗前。司马懿看到了映在窗纸上的黑影——使者故意没有躲藏，直接站在了窗前观察司马懿。

司马懿躺在床上，一动不动。使者站了很久，司马懿躺了很久。

耐心的较量。

比耐心的话，相信中国历史上没有人能与司马懿抗衡。曹操亲来，我自不惧，况你小小使者乎？

果然，使者败下阵去。当然，他并不知道自己败下阵去，而是觉得已经圆满完成了老板交代的任务，凯旋归去。

司马懿吁了口气，但他不知道是否还会有第二个使者，只好耐心躺着，誓把床板躺穿。

这一切，都被正打算进来送饭菜的张春华看在眼里。她渐渐明白了夫君的用意。

使者回去禀报曹操，曹操有点纳闷。

无论从政治、军事还是文学来看，曹操都是个天才。天才都极为自信，甚至自负，自负的人不愿意轻易承认自己错了。曹操已经认定司马懿在装病，而使者居然禀报司马懿确实风痹在床，不能动弹。在曹操看来，使者的回复等于扇了自己一个耳光。

“你继续去司马懿家门口蹲点。”曹操吩咐。

“这……请问蹲到什么时候？”

“他病多久，你就蹲多久。”

“是……”

使者很郁闷地离去了。对于这样一位古怪而多疑的主公，他不能多问什么。但他在心底咬死，主公这次真的多疑了。

曹操是位成功人士，成功人士都很忙。曹操的注意力不可能一直停留在一个名叫司马懿的莫名其妙的小伙子身上。他马上要出兵扫平袁绍的残余势力了，司马懿不过是他戎马倥偬之余的小游戏而已。

曹操北上。而司马懿府中，他的妻子张春华却杀人了。

事情的经过是这样的。这天天气晴朗，司马懿吩咐下人们把自己的藏书拿出去晒一晒，以防发霉生虫。他自个儿照常躺在床上。

突然，暴雨滂沱。司马懿是爱书之人，他对书的喜爱，是本能性的，不受大脑控制，直接由神经作用于肢体。

司马懿一跃而起，跑到院子里抢救藏书。

院子的一角，一个刚刚进来的婢女近距离目击了这一切：风痹已久、瘫在床上的司马懿突然身手矫健地在雨中收书。婢女吓得捂住了嘴，跑出门去。司马懿忙着收书，没有察觉。另一个刚刚进院子的人却看到了。

她是司马懿的妻子张春华。

张春华杀掉了婢女以后，冷静地亲自做饭。从此以后家里不再请婢女和下人，一切家务都由张春华一手承担。

我始终觉得中国历史上有些夫妇是绝配，比如刘邦和吕雉，再比如司马懿和张春华。有其夫必有其妇。

司马懿得知此事以后，对妻子大为器重。从此也更为谨慎，认真装病。

这一装就是七年。

这七年，曹操已经荡平北方，杀光袁绍的子弟，还兵邺城、荣升丞相了；这七年，兄长司马朗已经在基层锻炼、历任三地县长，最后当上丞相主簿了。

北伐归来、春风得意的曹丞相，究竟有没有忘记七年前那个装病在床的司马家老二呢？

答案是——当然没有。

回到邺城，曹操就任命名士崔琰担任丞相西曹掾，主管选拔人才。崔琰自然念念不忘十四年前见过的司马家老二，连忙向曹操推荐。而曹操帐下的首席谋主荀彧，竟然也力荐司马懿。

使者来到司马懿府第，惊奇地发现三十岁的司马懿正喜气洋洋坐在堂上恭候。

十年磨一剑，今朝试锋芒。

潜龙出山，司马懿终于有机会直接挑战相府的智囊们，开始自己的官场生涯了。

司马懿牺牲七年时间来赢得曹操的注意力，代价是不是太高了？

司马懿如果当年直接出仕，官位难以凌驾兄长之上。司马懿拒绝平庸，他永远追求直逼目标的捷径；尽管有时候这捷径看上去反而像绕远路，但最后的事实总能印证司马懿的判断。因为有两句老话，一句叫“以退为进”，另一句叫“欲速不达”。

更关键的是，司马懿第一次如果直接应征，则根本无法在广大应征者中引起曹操的注意。

况且，《易经》上说：“潜龙勿用，阳在下也。”作为未出茅庐的司马懿，直接出山和荀彧、荀攸、贾诩、郭嘉、程昱这些超一流的谋士们PK，显然不是明智的选择；这七年，司马懿并没有白躺。他大量地读书，有了更深的体悟；他把韬光养晦的功夫修炼到了极致。

有一个笑话：一只鸟不肯叫，怎么办？曹操会逼它叫，刘备会求它叫，司马懿会等它叫。司马懿为了吸引曹操的注意力，装病整整七年，堪称“等”字诀的一个典范。

但是，听起来“等”似乎是最被动的办法。如果曹操迟迟不来第二次征辟司马懿，那这七年甚至司马懿的一辈子，岂不是白费了吗？

不会的。司马懿的“等”，不是消极的等待。因为他心中有数：曹操有必用我司马懿之理。

曹操与袁绍的抗衡，一定程度上是寒族势力与世族势力的抗衡。曹操用人不拘一格，多有案牍小吏、行伍军人被提拔到高位的。而曹操本人，更是所谓“阉宦之后”，为世族所鄙视。所以，曹操必须拉拢一批世族在他帐下，以表现出他的政府向所有人开放，争取更多的人站到自己这一边，团结一切可以团结的力量。而河内司马氏，无疑是当地世族的一大代表，属于必须争取的对象。这是其一。

司马朗在曹操的府中任职，在人事任用上能说得上话。而从名义上讲，曹操还是司马防的门生故吏，自然应该用司马懿。这是其二。

其他与司马氏交好的世族，自然也不会错过这个保举司马懿、进而与司马氏进一步修好的机会，以延续世世代代的交情（所谓世交）。这是其三。

以曹操的用人风格，目前为止还真没有过他用不上的人才。他一定不会轻易放过这个七年前曾经拒绝过他的年轻人。这是其四。

所以，一个“等”字，实在大有学问。

一只鸟不肯叫，怎么办？刘备
会求它叫，曹操会逼它叫，
司马懿会等它叫。
聊公手绘
曹操
刘备
司马懿

泰山崩于前而色不变，麋鹿兴于左而目不瞬；举世誉之不加劝，举世毁之不加沮。只有拥有超级强悍心理素质和绝对自信的人，才能做到上述四句话；而能做到上述四句话的人，才有资格被称为淡定！

谢安：淡定之人的生存法则

淡定，是一种生存法则。淡定，可以使领导放心，使下属安心，使对手惊心。大喜大怒之人，都好对付；唯有淡定之人，城府深厚，令人捉摸不透。平静的眼神，嘴角的微笑，在关键时刻都足以成为强大的防具或致命的武器，令对手无懈可击，铩羽而归。

淡定不同于迟钝。淡定，是一种对于小节的麻木，对于大节的敏感。比如谢安，他对于已发之敌人的气势汹汹毫无反应，但是对于未发之敌人的可能攻势却未雨绸缪、精心布防，从而能够在关键时刻闲庭信步。

泰山崩于前而色不变，麋鹿兴于左而目不瞬；举世誉之不加劝，举世毁之不加沮。只有拥有超级强悍心理素质和绝对自信的人，才能做到上述四句话；而能做到上述四句话的人，才有资格被称之为淡定！

在铁蹄铮铮、炮声隆隆的风口浪尖之上依然能够安静下棋的淡定之人，历览古今中外，恐怕谢安当属第一人。

谢安，出身名门陈郡谢氏。在两晋南北朝这样看重门第的时代，良好的出身决定了他的前途无比光明。

谢安年纪轻轻就已经名满天下。简单举一个例子：谢安有个老乡，卖蒲葵扇卖不出去，积压了五万多把，穷得连路费都没有了。谢安路过他的路边摊，随手拿了一把蒲葵扇来用。

谢安是什么样的人？他可是当时时尚界的一哥，一言一行、穿着装饰，都是为天下人所效仿的！他的粉丝群一看：安哥用蒲葵扇帅死了！于是互相打听在哪儿买的，蜂拥而至踊跃抢购，五万把蒲葵扇很快就被抢购一空。

谢安在当时的号召力可见一斑。

谢安到了该工作的年纪，出来做官。他的起步是在司徒府做了个佐著作郎。这种小官，当然不能令谢安满意，他称病辞职隐退，在东山隐居。每天喝喝酒，吹吹风，没事跟社会名流一起搞搞沙龙，逍遥自在，不亦快哉！

谢安的辞职隐居，在仕途上乃是一种以退为进的策略。谢安名满天下，宜做大官而不宜为俗吏。佐著作郎这样的小官，如果认真去干，只会令他身份掉价，沾染俗气；而如果不认真去干，则会给朝廷留下“此人徒有其表”的恶劣印象。所以，谢安索性辞官，不失为一招妙棋。

有一次，谢安和一群名士雇了一条小船，乘船出海游玩。忽然，海上起了大风，小船在风浪中起伏不定，船上的名士们纷纷面如土色，牢牢把住船舷瑟瑟发抖。船老大也有些紧张，他回头一看，谢安正面色平静，闲看风景。船老大心想：我怎么着也不能表现得比你还胆怯吧！于是奋力划船，继续在风浪中勇猛精进。

风波越来越险恶，小船随时有要翻船的危险。船老大终于挺不住了，再回头看了眼谢安，谢安这才缓缓开口：“再划下去，咱们还有处可归吗？”船老大这才调转船头，脱离危险。

这次划船事件，让大家见识了淡定帝的风采。

谢安在东山高卧，身价陡升百倍。当时，谢安隐居，他弟弟谢万出仕为将军。但是，谢安的口碑要远远高于谢万。甚至老百姓还编了顺口溜：“谢安不出，奈苍生何？”将谢安抬举到国之栋梁的地位。谢安的隐居策略，初见成效。

公元 360 年，谢万军事作战不利，被废为庶人。陈郡谢氏一族，再无人在朝中担任重要官职。谢安判断：出仕的时机已到。正好这时候，大将军桓温请谢安出山，于是谢安顺理成章地“东山再起”，成为大将军幕府中的一名司马。

桓温此人，乃是东晋时期第一大权臣，手握重兵，且有不臣之心。但是谢安对他毫不畏惧，从容对谈。桓温对谢安惊为天人，非常欣赏。谢安走后，桓温得意地对侍从们说："我接待的客人里面，你们见过水平这么高的吗？"

桓温虽然欣赏谢安，但谢安并不愿意与这样一个声名狼藉的大权臣走得太近，以避免瓜田李下之嫌。碰巧，谢万病死，谢安以此为借口，辞官回家服丧。等到东晋朝廷的聘书再次发来的时候，谢安出仕为吴兴郡的太守。小小一个动作，便由桓氏家臣转而为东晋的地方大员了。

谢安的仕途一帆风顺，由吴兴太守而入中央担任侍中，然后继续升为吏部尚书、中护军，成为皇帝身边的要人。后来晋简文帝驾崩，谢安与他的同僚王坦之一起受命辅政。

晋简文帝刚死，桓温便蠢蠢欲动，率领大军兵临南京城，点名要谢安、王坦之出迎，打算在军中将这两人一举杀死，为谋朝篡位扫平挡路石。

王坦之战战兢兢，问谢安："咱咋办啊？"谢安无比淡定："去呗。朝廷存亡，在此一举。"王坦之没有办法，抖抖索索跟在谢安身后亦步亦趋，一起来到桓温军中。

桓温气场逼人，端坐军帐。军帐之外，影影绰绰显示出埋有伏兵。王坦之吓得汗流浃背，谢安却从容安坐。宾主端坐之后，谢安发问："谢安听说，诸侯有道，安守四方。明公不招而至，还在军帐中藏人，是何意思？"桓温以大笑来掩饰尴尬："俺也是被形势所逼，不得不如此啊！”于是撤去伏兵。两人笑谈良久，一场兵变大祸消弭于无形。

之前，王坦之与谢安齐名；经此事件，谢安的名声完全凌驾了王坦之，成为朝中辅政大臣的顶梁柱。

桓温后来病重，脑子又病糊涂了，想过把瘾再死，企图让朝廷给他加九锡，派人起草了禅让书。在汉魏六朝，加九锡是个危险的信号，一般是改朝换代的前奏曲。谢安使用了一个“拖”字诀，借口禅让书要修改，便一直拖延时间，不久桓温就病死了。

桓温虽死，桓家的势力还在。谢安为了调和桓氏与晋朝的矛盾，煞费苦心。他让桓氏出让徐州、兖州，而由王坦之出领二州刺史；又用荆州换了桓冲的扬州，亲自坐镇，从而与桓氏达成了谅解。

谢安并非不想解决桓氏，而是有更重要的事情要去做。他敏锐地察觉到了：在北方有更重要的敌人和更危险的挑战，即将来临。谢安将暴露在前秦攻击范围之内的徐州、兖州和扬州这些前沿阵地收回，好整以暇地建立起了防御体系。

公元 376 年，孝武帝提拔谢安为中书监、录尚书事，成为东晋排位第一的重臣。同年，前秦苻坚统一了北方，开始着手南征。谢安本着“内举不避亲”的原则，推举侄子谢玄担任兖州刺史。谢玄乃是一代名将，迅速选拔精兵良将，建立起了一支在当时的中国最具战斗力的军队——北府兵。

公元383年，苻坚正式举步兵六十万、骑兵二十七万大军南下，号称百万。黑云压城城欲摧，南京城的空气紧张得令人窒息。身为前锋的谢玄，手中只有五万人马，难免也胆战心惊，连夜赶回谢安的办公室，向谢安讨教破敌之策。

谢安的表情，淡定依旧。面对谢玄，他只说了两句话。第一句话："我已经有安排了。"第二句话："明天去我乡下的别墅下棋。"

谢玄不敢违命，第二天忐忑不安来到别墅，谢安早已经在这里摆好了棋局，谢家全族人都围着看热闹。谢安指了指身后的别墅："咱俩玩一局。你要是赢了，这别墅就送给你。"谢玄坐定，叔侄俩开始对弈。

其实呢，谢安的棋艺出了名的臭，是谢玄手下的常败将军。但是今天，谢玄心事很重，乱了方寸，居然大败亏输。谢安擦了擦手，瞥了一眼正在旁边观战的外甥："这别墅送给你了。"

谢安下完棋，趁着今天亲戚都来齐了，便带领大家登高望远、远足踏青，玩了一下午，直到天黑才回去。回到办公场所，谢安这才开始给各位将领分派任务。他气定神闲，指挥若定。淡定，是会传染的。诸位将领见谢安如此镇定，便也仿佛吃了定心丸，克服了紧张，稳住了心神。

谢玄更是从叔父"围棋赌墅"的精心安排中，领会了叔父的苦心孤诣：我谢玄棋艺尽管高于叔父，但由于心理原因，居然战败；那么前秦又何尝没有可能被我谢玄以寡敌众？

谢玄率领八万精兵，与前秦军队相逢在淝水，战争正式爆发。

后方，臭棋篓子谢安又在跟人一起下围棋了。两人大战正酣，忽然有士兵拿了封急报，满脸兴奋地送到谢安手上。谢安漫不经心地撕开信封，看了一眼，信手把急报扔在旁边，面无表情，继续下棋。

跟谢安下棋的棋客看看信封的规格，应该是战报，但是从谢安的表情，却又看不出半点端倪，只好好奇地问："大人，信上说什么？"

谢安专注地盯着棋盘，嘴上轻描淡写："没什么，小儿辈大破敌。"边说边下了一招棋。

棋客大吃一惊，惊喜难以自持。再看谢安，淡定依旧。这就是境界，这就是差距啊！

但是，淡定的谢安还是露出了马脚。当谢安下完这局棋走回家里时，他压抑住内心的狂喜与雀跃，一路小跑，连木屐上的齿被门槛给碰掉了都不知道！

怎么才能够像谢安一样，做到真正的淡定呢？关键有二：

第一，事前进行缜密盘算，去除掉一切不必要、不可控的因素所带来的心理焦虑，将事情最大可能地简单化。

西方哲学有个概念叫"奥姆剃刀"，指的是将一切不必要的概念剪除掉。在心理上，也是如此。人的恐惧，通常来自于对未知的不可掌控感。如果能够在事前进行缜密的"庙算"，把不必要、不可控的因素所带来的心理焦虑通通排除，把事情简单化，从而能够提纲挈领，使一切尽在掌握之中，那么自然就可以做到淡定了。

第二，假装淡定，弄假成真。

情绪是一种可以传染的东西，更是一种可以自我催眠的东西。人不是纯粹理性的动物，有时候明明知道没什么可紧张的，也还是会紧张不已。因此，即便做到了第一点，难免仍会有一些非理性可以控制的紧张感。这时候，就需要自我催眠式的假装淡定了。譬如谢安，他在淝水之战这样决定生死存亡的大决战中，还是难免紧张。他通过和棋客下棋，来给身边的人也给他自己传达一种信息：我谢安胜券在握。其实他比谁都紧张。因此才会在进门之时碰掉了木屐齿都浑然不觉。

但是，心理与物理不同。物理世界是客观的，有就是有，无就是无，没法有变成无，也无法无中生有。而心理世界则是主观的，有无转化，只在一念之间。深呼吸一下，告诉自己：我很淡定。那么，你就淡定下来了。

“淡定”这种官场不二法宝、仕途制胜利器，就是这么容易掌握。

桓温点名要谢安、王坦之出迎，打算在军中将这两人一举杀死，为谋朝篡位扫平挡路石。

聊公手绘

不得不承认，在仕途之上，永远有那么一部分人，不靠关系，不靠贿赂，不靠一切下三烂手段，只凭借无与伦比的实力，就能够堂堂正正地走上权力的巅峰。

陈庆之：棋道、官道、用兵之道

陈庆之从二十多岁开始，陪梁武帝萧衍下了二十年棋，突然一朝开悟，投棋从戎，成为一代军事家。

其实这事，说怪不怪。棋道与用兵之道，多有相通之处。一本《孙子兵法》看似皆言兵事，却又无一篇不可用之于棋局之上。黑白纵横，兵马炮车，何非棋道？何非兵道？何非诡道？

古来用兵名将，很少有好的结局。乐毅去国，廉颇被谗，白起自杀，韩信死于谋反，彭越被剁为肉泥，岳飞之死更是千古奇冤。唯有陈庆之，功高盖世，却能得善终，可以说是古今名将里的一个异数。

其实这事，还是不奇怪。陈庆之下了二十多年棋，他的陪伴对象是皇帝萧衍。伴君如伴虎，能够陪皇帝下二十多年棋而不出闪失，今后的官场之路还有什么能难住陈庆之？

棋道、兵道、为官之道，道道皆通罗马，洵非虚言。

陈庆之的早年在史书上压根儿就没有记载。总之，在后来官方的褒奖令上，说他“本非将种，又非豪家”——他既不是“军二代”，也不是“富二代”。也就是说，他很可能只是个出身寒族的年轻人。

陈庆之生活的时代，是南北朝时期；南北朝时期门第观念非常强。如果你出身寒族，即便做到皇帝，也未必高贵；如果你出身士族，就算在街上要饭，那也令人肃然起敬。而陈庆之，偏偏只是个寒族青年。

寒族青年也并非完全没有希望，因为南北朝是乱世，而乱世出英雄。只要你有一身好武艺，能够上马定乾坤，那也是很有前途的。遗憾的是，陈庆之的武艺也不是一般的差，史称“射不穿札，马非所便”——射箭连一副铠甲都射不穿，又不习惯骑马。

那么，身为一名武艺差劲的寒族青年，在南北朝，基本上是没有什么机会了。陈庆之在宫廷中谋了一份侍卫的差事，当时的皇帝是梁武帝萧衍。出身低贱而武艺差劲的陈庆之，居然有机会时时刻刻陪伴萧衍，原因很简单——他有一项谋生之技：下棋。

陈庆之的下棋水准比较了得，而且他懂得怎么样陪领导下棋。

萧衍喜欢下棋，喜欢到了走火入魔的地步。萧衍下棋的时间没个准儿，经常兴致一来就要找人下棋。有时候大半夜的，就嚷嚷着要找棋手下棋。而陈庆之年纪轻、精神好，经常晚上熬夜不睡觉，萧衍要下棋的时候，随叫随到。由此一来，陈庆之当然比其他棋手更加受萧衍的青睐了。

但是，再受青睐又能如何？不过是个御用棋手、皇帝玩物罢了。陈庆之最富激情和创造力的时期，就是在宫中度过的，这一陪就是二十多年。这二十多年棋手生涯中，有两件事情，陈庆之没有察觉到。

第一件事情，陈庆之在下棋的过程中领悟了一种哲学。孔子曰："虽小道，亦有可观。"而陈庆之，乃是个天生的军事天才，在日复一日的下棋中，逐渐领悟了这样一种军事绝学。在他的眼里，万事万物都不过是黑白圆方而已，一切都是那么的清晰，那么的简单。只要照着棋盘上的规矩去解决问题，自然就会无往不利。

第二件事情，萧衍在这二十多年的对弈中，发现了陈庆之的军事天才。萧衍不是白痴，他是梁朝的开国皇帝，堪称用人专家，眼光毒辣得很。而且，萧衍是儒士出身，有着诗人般的浪漫主义情怀。他在一盘盘的对弈中，逐渐形成一种判断：陈庆之绝非池中之物，一旦风云际会，便可大显神通。

南朝在与北朝的斗争中，屡屡受挫，一大原因在于：南朝能治国的文人有余，而能打仗的武将不足。萧衍有意培养眼前这个棋手陈庆之，去更大的舞台上施展他的高超棋术。

机会很快来了。北魏徐州刺史元法僧决定叛逃南梁，萧衍破天荒地任命御用棋手陈庆之为武威将军，与其他将领一起接应元法僧。

陈庆之已经年届不惑，但他还是很迷惑：皇上为何突然让我带兵打仗？打仗咱不专业啊！

而萧衍，则没有丝毫的疑虑：去吧，陈庆之。也许军事作战，才是真正适合你的舞台。

陈庆之骑上马匹、手握兵刃的那一刻，他突然发现，士兵的面目逐渐模糊，眼前不过是纵横交错的广阔棋盘、黑白方圆的一枚枚棋子，一切都变得那么熟悉，那么亲切！

陈庆之找到了感觉，立即兴奋起来。他再也没有对陌生领域的恐惧，他只觉得自己早已经在这个领域摸爬滚打几十年，对游戏规则再熟悉不过！

这次接应的军事行动，连仗都没有正式打一场就很快顺利完成了。萧衍的这一人事安排，也许不过是让陈庆之熟悉一下带兵打仗的一般程序而已，好戏在后头。

元法僧既然来投诚，萧衍便有心接管徐州。他派陈庆之率领两千兵马，护送儿子豫章王萧综去徐州上任。

区区两千兵马就想接管徐州，这实在是个高难度的任务。但是对于陈庆之这样杰出的棋手来讲，兵不在多，关键要用对地方。陈庆之领命护送萧综，部队向北进发。

北魏听说南梁派了两千人来接管徐州，眼镜都跌破了，便派出两位宗室领兵两万，前来抵御。

二万对二千，十比一的绝对优势。但是作战的结果，令北魏再一次跌破眼镜，甚至连眼珠子都跌破了：陈庆之大获全胜。此战按理到此结束，但是戏剧性的一幕发生了：萧综投降北魏！

原来，萧综通过滴血认亲等等高科技鉴定手段发现他的老爹不是萧衍，而是南齐的末代皇帝萧宝卷；而萧宝卷一家，是被萧衍杀光的。两个萧家血海深仇，萧综当然就咬牙投奔了北魏。

主帅都投降了，陈庆之没有办法，斩关退兵。这一战，北魏、南梁两国，都知道了天地间还有陈庆之这么一号人物的存在。

过不了多久，北魏进入了衰亡期，国内军阀割据，天下大乱。北魏的一位宗室元颢向南梁伸出橄榄枝，请求南梁发兵支援他在北方建立傀儡政权。萧衍对元颢的求援将信将疑。他思量之后，下达了一个南北朝时期最荒唐的命令，而这个荒唐的命令成就了南北朝时期最传奇的名将。

这个命令是：萧衍给陈庆之七千人马，命令他护送元颢北上洛阳称帝！

洛阳是北魏的首都，北魏虽然大乱，但是瘦死的骆驼比马大，兵力极其强悍，绝对不是区区七千人马可以打发的。这一行，完全是十死无生！

可以想象，萧衍只不过是在敷衍元颢。元颢不是傻子，当然能够看出来。所以，出兵不久，元颢就赖在安全地带，直接称帝不走了。元颢封陈庆之为卫将军、徐州刺史、武都公，命令他继续北上，完成这个不可能的任务。

萧衍敷衍元颢，元颢敷衍萧衍，唯独陈庆之，毫不含糊。他点起七千子弟兵，全军白袍白马，毅然北上，开始了神话般的北伐历程！

陈庆之首先利用北魏全身心对付邢杲起义军的契机，乘虚而入攻克荥城；然后扭头进攻睢阳。睢阳守将丘大千，虽然手握七万重兵，但仍然不敢消极怠慢，连筑九道营垒，采取纯粹的全防守阵型，全副武装等候陈庆之的到来。

地平线上，白袍白马的陈庆之军队，慢慢出现了。丘大千躲在壕沟里，精神极度紧张地注视着陈庆之。陈庆之有条不紊地展开了攻势，每一个动作都像教科书一般标准，毫无花哨可言。但就是这样标准的常规进攻手段，一上午就攻克了九座营垒中的三个。丘大千精神彻底崩溃，举白旗投降。陈庆之把下一个目标瞄准了荥阳。

陈庆之军队终于引起了北魏方面的注意。魏帝勃然大怒之下，调集各方精兵共计三十万，对陈庆之展开合围。另外，调拨七万精锐，死守荥阳城！

包围圈渐渐合拢，陈庆之插翅难飞。就在包围圈最终合拢的一刹那，陈庆之攻克了七万精兵死守的荥阳！

北魏上党王元天穆，率领二十万部队开到，誓要歼杀陈庆之，挽回北魏军人的荣誉！

面对三十倍于己的敌军，陈庆之并没有采取坐以待毙的死守策略，反而点出三千精锐，主动出击。

三千对二十万，结果再度出人意料：陈庆之追亡逐北，杀得不亦乐乎；元天穆大败亏输，落荒而逃，抱头鼠窜。

一战成名，陈庆之正式成为南北朝战争史上唯我独尊的战神金刚！

此战之后，陈庆之的七千军队在北魏大地上纵横往来、招摇过市，北魏军队但凡看到白袍白马的军队出现，立即关门闭户，消失得无影无踪！陈庆之经历四十七战，克城三十二座，终于把军队开到洛阳城下。

遗憾的是，陈庆之再也没有机会亲手攻克洛阳城了。因为，洛阳城的守将早就闻风而逃！陈庆之进入洛阳，把元颢迎接过来称帝，完成了这个不可能完成的任务！

北魏势力最大的尔朱荣震怒了。整个北魏，居然奈何不了一个小小的陈庆之，反而眼睁睁看着他在眼皮底下嚣张跋扈而无可奈何！尔朱荣开始聚集兵力。他聚集起在他控制之下所能聚集到的全部军队，共计一百万人，前来攻打陈庆之。

此时，陈庆之不在洛阳城，他驻守黄河北岸，与洛阳呈犄角之势。尔朱荣一心想跟陈庆之一争高下，当然就把军队也全部开到了黄河北岸。

1000000 VS 7000！连小说都不敢这么写！

两支实力无比悬殊的军队，打了三天，十一仗。

尔朱荣的军队，死伤惨重！

尔朱荣绝望了。他终于知道，他所面对的，不是一个人，而是一个神：战神。尔朱荣开始着手布置退兵。这时候，他的谋士出主意：主公不要老跟陈庆之这样的人死磕，您直接进攻洛阳，不就行了？

尔朱荣这才回过神来，将大军开到洛阳，把一肚皮的气全都撒到元颢的守军身上，玩命猛攻。很快，洛阳被攻陷，元颢战死。

陈庆之的军队没有了立足之地，成了孤军，只好撤退。尔朱荣亲自率领大军在后面追赶。但是，这次追赶，也是军事史上极其罕见的追赶：尔朱荣不敢迫近，只好远远跟着，说是追杀，实际上在外人看来更像是送客。

搞笑的追杀一直持续到黄河边上，陈庆之布置军队渡河。人祸不如天灾，一场突如其来的山洪冲散了陈庆之百战百胜的军队！尔朱荣趁机掩杀，陈庆之在兵荒马乱之中化装成和尚，秘密潜回南梁首都建康。

荡气回肠的传奇远征，终于宣告结束。萧衍封赐陈庆之为持节、都督缘淮诸军事、奋武将军、北兖州刺史。陈庆之，由御用棋手起家的传奇名家，在仕途上达到了他的辉煌巅峰。

不得不承认，在官场之上，永远有那么一部分人，他不靠关系，不靠贿赂，不靠一切下三烂手段，只凭借无与伦比的实力，就能够堂堂正正地走上权力的巅峰。

陈庆之虽然完全是靠硬实力真刀真枪打下的功名，但功夫仍然在诗外：倘若不是他早年与梁武帝萧衍对弈二十多年，积累下君臣之间的互知互信，又如何能够得到带兵出征、尽显才华的机会？

陈庆之
士兵
遗憾的是，陈庆之的武艺也不是一般的差，史称「射不穿札，马非所便。」
聊么手绘

陈子昂摔琴，虽然并没有直接给他带来官位，但却给他带来了他所稀缺的美誉度，以至于被誉为“天下文宗”。要知道，这样的好名声，是多少金钱和权力都难以带来的。

陈子昂：抓住机会的人

前不见古人，
后不见来者。
念天地之悠悠，
独怆然而涕下。

这首《登幽州台歌》在诗词界的知名度，丝毫不逊于李白杜甫的名篇，几乎可称是家喻户晓、妇孺皆知。凭借这首诗名垂千古的陈子昂，在初唐诗坛那也是带头大哥级别的人物。六朝绮靡空洞的诗风，至陈子昂才算是一扫而空，呈现出了崭新的气象。

陈子昂天资聪颖，读起诗书经典来，也卓然超越一般学生。尤其是他的一手诗歌文章，被时人称誉为远在曹植、司马相如之上。

乱花渐欲迷人眼。陈子昂却对自己的文坛之路有着极为清醒的认识。他知道，蜗居家乡，永远只能是一只井底之蛙，难以有出头之日。如果想要出人头地，那就必须到人才最集中的地方去跟别人硬碰硬。天下人才最集中的所在是哪里？当然是京城长安。凭借我陈子昂的实力，当能在京城混出模样，衣锦还乡！

陈子昂主意已定，便离开了封闭的家乡四川，毅然进京。

孩儿立志出乡关，若不成功誓不还。埋骨何须桑梓地？人生无处不青山！

陈子昂放弃了锦衣玉食的温柔乡，到京城加入蚁族大军，成了一名“北漂”。

到了京城，陈子昂才发现，事情远远没有自己想象的那么简单。诚然，这里的人才不少，但是拼起智慧和武功来，我陈子昂还是要比他们高那么一点点；但是拼起在京城的人脉关系来，我陈子昂就要比他们低那么一点点了。

京城的水太深，陈子昂纵然满腹才华，也无人欣赏。在那个连长途电话都没有的时代，陈子昂只好独自凭栏，远眺乡关，思念爹娘。

北漂数年，陈子昂也参加过几次科举考试，可惜每次都毫无悬念地名落孙山。陈子昂郁闷不已，理想开始动摇。

今年的科举考试又快开始了，究竟怎么样才能够得到主考官的青睐呢？陈子昂百思不得其解。

这一天，陈子昂在街头瞎逛，突然看到一大群人围拢得水泄不通。陈子昂好奇心发作，踮起脚板，钻进人堆，看个究竟。

原来，场子的正中心，一个人正在出售一张极其精美的胡琴，售价极其高昂。周围围着的，都是一群音乐发烧友，对这张琴眼馋不已，可惜囊中羞涩，拿不出这么多钱，只好望琴兴叹。

陈子昂见此情景，灵机一动。钱对他这种有钱人来讲，压根儿不是问题，问题是如何才能出名。陈子昂分开人群，走到卖琴人面前，说："我买了！"说完扔下钱抱起琴就要走。周围的人纷纷咂舌，有好事者上来问："公子您既然能够买下这张琴，那应该精通琴技吧？能不能现场演奏，给我们开开眼？"陈子昂心中窃喜，脸上却不动声色："这里太吵了。这样吧，明天中午我在家开个人音乐会，欢迎各位前来观影。"说罢扬长而去。

"有钱人要在豪宅演奏天价琴"的爆炸性新闻一传十、十传百，很快传遍了长安城。第二天，长安城的知名人士和各大媒体纷纷来到陈子昂家中，架起摄像机，等候陈子昂出场。

陈子昂穿着礼服出来了。他首先向大家深深作揖，然后端坐到天价胡琴的旁边，轻轻撩去盖在胡琴上的丝绸，现场爆发出一阵阵的惊叹声。

只见陈子昂举起胡琴，哐当一声猛砸在地上，胡琴登时断为两截！

突变来得太快，就像龙卷风。现场的观众和媒体完全来不及反应，全都愣住了。陈子昂抬起眼来，高傲地扫了一眼全场，然后开始发表激情澎湃的演说：

“这张胡琴不过是乐工制作的，是一件死物，却受到大家的青睐；而我陈子昂，创作了那么多富有灵性的诗文，却在京城埋没了这么多年。所以我才摔琴寻知音！”

陈子昂说完，拿出厚厚一大沓事前准备好的诗文稿，全场散发。观众们刚刚从错愕之中回过神来，又拿到稿子开始品读。

陈子昂不仅诗作了得，同时也是位开一代风气之先的炒作大师。他一掷千金购买名琴，最后又摔琴自我炒作的故事，堪称自我推销的一个经典范例。

陈子昂摔琴，虽然并没有直接给他带来官位，但却给他带来了他所稀缺的美誉度，以至于被誉为“天下文宗”。要知道，这样的好名声，是多少金钱和权力都难以带来的。

陈子昂摔琴的炒作，带有浓重的魏晋之风流意味，自然给他带来了不同凡响的名声。但是可惜的是，在他的仕途生涯之中，这样有如神来之笔的炒作也是“前不见古人，后不见来者”。

话题人物陈子昂参加了今年的科举考试，考官自然不得不酌情参考社会舆论的压力，给他点了个进士。

但是，初唐毕竟是一个讲究门第出身的时代，尽管家道殷实，陈子昂却没有显赫的出身。因此，虽然陈子昂极善自我炒作，但想在朝廷偶露峥嵘却难如上青天。靠炒作一夜成名的陈子昂，步入仕途后却长期沉沦下僚。

岁月匆匆似流水，陈子昂依旧在原地踏步。既然已经进入了体制内，环境已不允许他进行第二次自我炒作，自视甚高的陈子昂也只有痛苦地面对现实。都说人生要忍耐，都说人生要等待，陈子昂在等待机遇，机遇似乎也在等待陈子昂。

机会终于姗姗而来——武则天要改朝换代称帝了。

对于很多人来讲，武则天称帝，乃是一次灾难。无数李唐的遗老遗少，纷纷下野或者称病，以表示对武则天称帝的非暴力不合作。

而陈子昂，却把武则天称帝作为一次改变自己人生的重大机遇。他运用自己无与伦比的才华，挥笔写下了《上大周受命颂》《大周受命颂四章》《庆云章》等系列作品。在这些作品中，陈子昂表现出了出众的拍马才华，对武则天歌功颂德，将武则天视为当世舜禹。他说："臣闻仲尼曰：圣人，丘不得而见之矣。又曰：舜禹之有天下，丘不预也；又曰：凤鸟不至，河不出图，丘已矣夫！皆伤不得见大道之行而郁悒也。臣草鄙愚陋，生长休明，亲逢圣人，又睹昌运；舜禹之政，悉皆目见，幸亦多矣！”他不仅把武则天比喻为“亲逢”之“圣人”，更肉麻地把武则天比成“圣母”：“非我圣母，庆云谁光？庆云光矣，周道昌矣。九万八千，天授皇年。”

武则天正在头疼满朝文武的不合作，看到这样一个主动凑上来示好的陈子昂，当然非常高兴，立即提拔他为右拾遗，以借重陈子昂在文坛的名望，巩固自己的地位，改善自己的声誉。

由此，陈子昂不仅在文坛，而且在政坛也扎稳了脚跟。

只见陈子昂举起胡琴，哐当一声，
猛砸在地上。胡琴登时断为两截！
聊公手绘
陈子昂

狄仁杰遭到武承嗣、来俊臣陷害入狱，在监狱这种暗无天日的地方，并没有选择顽强抵抗、坚贞守节，而是识时务者为俊杰，暂时屈服，冷静观察形势，积极寻找时机以申冤昭雪。因为他知道，跟坏蛋和恶棍讲道理、讲品格，是讲不通的。古今在仕途上起起落落而屹立不倒之英雄豪杰，几乎无不有着这样能屈能伸的精神、明哲保身的智慧与坚韧不拔的意志。

狄仁杰：大唐福尔摩斯的职场秘诀

荷兰人高罗佩，对中国的一大贡献就是把中国传统的公案小说《武则天四大奇案》改写成西方侦探小说《狄公案》，使得狄仁杰这位唐朝福尔摩斯的形象大放异彩，这也是今天风靡一时的《神探狄仁杰》的底本来源。

拨开历史的层层迷雾，探访狄仁杰的真实原型，其实他不但是位传奇神探，而且更是一名职场高手。

纵观狄仁杰的一生，虽然也曾起起落落，但终究算是有惊无险。更加难得的是，他历事武周、李唐两大王朝，却能在两朝都有着良好的口碑。这和狄仁杰过人的才能是分不开的。

有一次，狄仁杰家出了个人命案子，官府的人把现场封锁了，录问口供。狄仁杰家大到家长户主，小到用人保姆，争先恐后地提供不在场证明，替自己辩白。唯独少年狄仁杰，非常淡定地端坐一边，拿着一本经书摇头晃脑地读。

办案的人员觉得这少年心理素质如此强悍，估计有鬼，就上前责问："小鬼！你家里的大人都在积极配合我们破案，你怎么这么淡定？"少年狄仁杰抬起眼睛，轻蔑地瞥了一眼办案人员，微微一笑："我正在和圣贤对话，没有工夫理你们这些俗吏。"

什么叫拉风？这就叫拉风！这种小孩，想不成大器都难！

狄仁杰饱读经书，后来做了汴州参军。狄仁杰年轻气盛，没有处理好同僚关系，结果被人诬告。负责审理狄仁杰的，是黜陟使阎立本。阎立本是中国史上最牛的画家之一，专攻人物画。他画人物画多了，自然有一双火眼金睛。阎立本一看狄仁杰，明显是个好人嘛，再一查案底，再清白不过，显然是被诬告了。阎立本释放狄仁杰，拍拍他肩膀："小伙子，你是沧海遗珠啊，难得一见的大人才。"

狄仁杰被无罪释放，于是继续凭借着出众的能力在仕途上高歌猛进，先是升迁为并州法曹参军，接着一跃而为大理寺丞。

狄仁杰在担任大理寺丞期间如鱼得水，将他判案断案的能力发挥得淋漓尽致，一年时间判决疑难案件无数，涉案人数一万七千人，几乎平均每天要断十个案子。最难得的是，经狄仁杰手断的案子，从来没有人喊冤上诉。“神探狄仁杰”的名号，就是在此期间家喻户晓的。

狄仁杰不仅办案效率奇高，而且为人骨头很硬，脾气很倔，经常顶撞皇帝。下面举一正一反两个例子。

左威卫大将军权善才与右监门中郎将范怀义两个人，不小心用斧子砍了昭陵的柏树。昭陵是李世民的墓，李世民是当今皇帝唐高宗李治的爹，李治勃然大怒，下令砍掉这两个人的脑袋。

狄仁杰翻了翻唐律，砍掉昭陵的柏树，按律当免官，要不了杀头这么严重，于是向皇帝禀报：“误伐一柏，杀死二臣，天下会怎么看您？您的法律，白纸黑字亮出来，老百姓都看着呢，如今您自乱其法，将来法律还作不作数了？”唐高宗没辙，只好依了。

唐高宗心想，我往重了判刑，你要反对，那我轻判总可以了吧？宠臣王本立作恶多端，被弹劾，落到了狄仁杰的手里。唐高宗暗示狄仁杰从轻发落，狄仁杰拒绝，将王本立依法处置，满朝震肃。

从这两个案子可以推想，其实狄仁杰的判案，主要解决的是法律适用的问题，而非具体案情的侦查工作。所以，与其说狄仁杰是一名“神探”，不如说是一名公正执法的法官。

狄仁杰在官场混迹良久，摸出了不少门道，锋芒毕露的个性也逐渐有所改变。武则天当政时期，有一天故意试探狄仁杰：“你做官这么多年，有不少人打你小报告呢！想不想知道是谁？”

一向疾恶如仇的狄仁杰，此时平静回答：“不想。”

武则天大感意外：“哦？为什么？”

狄仁杰回答：“如果陛下觉得他们说得对，那臣就改正错误；如果陛下觉得他们说得不对，那臣再高兴不过了。至于谁打我的小报告，臣不想知道。”

狄仁杰的回答，显示出了他渐趋圆滑的处世风格和宽宏的度量。武则天对狄仁杰的回答颇为满意，再加上他政绩出众，便把他任命为当朝宰相。

即便如此，狄仁杰还是差点儿栽在了酷吏界的一代霸主来俊臣的手里。

武则天的侄子武承嗣，一心想当太子，接武则天的班。于是他极力撺掇姑妈杀尽李氏宗亲，清洗朝中的不合作者，遭到了狄仁杰的强力阻挠。武承嗣恨狄仁杰恨得牙痒痒，必欲除之而后快。

武承嗣收买了来俊臣，让他除掉狄仁杰。这事对来俊臣来讲，再简单不过。他随便捏造了个“谋反”的罪名，把狄仁杰逮捕入狱，打算严刑拷打。没有料到，还没等刑讯逼供呢，狄仁杰就大叫大嚷：“我招！我全招！”说罢，把他所谓“谋反”的罪状一五一十有鼻子有眼地全招了。

来俊臣傻眼了。

原来，唐朝的法律有个规定：谋反罪的罪犯，一问就招的，应当免除死罪。这相当于今天的“坦白从宽，抗拒从严”。狄仁杰办案这么多年，对于法律再熟悉不过，于是利用了这个条文的空子，先保住性命再说。

这种小伎俩，哪里难得住来俊臣？来俊臣模仿狄仁杰的笔迹，伪造了一份“谢死表”，表示愿意受死刑，跟狄仁杰的口供附在一起，派人呈递给武则天，然后就只等上面的批准，好把狄仁杰开刀问斩。

狄仁杰也不是盖的。他麻痹了来俊臣之后，趁来俊臣放松警惕之际写了封血书，偷偷缝在棉衣里面，然后交给狱卒：“天热了，棉衣穿不着了，交给我家人吧，让他们拆了把棉絮拿出来晒晒。”

狱卒傻头傻脑地把棉衣交给了来探监的狄仁杰的儿子。狄仁杰的儿子拿回家拆开棉衣，看到血书，赶紧连夜上交给武则天。武则天刚收到来俊臣交上来的谢罪表和认罪口供，正要批准，看到血书大吃一惊，赶紧亲自提审狄仁杰。

当时的监狱，设置在“丽景门”之内，来俊臣得意扬扬地管这监狱叫“例竟门”——竟者，完蛋也。进了这道门，照例要完蛋。如今，狄仁杰大摇大摆走出了“照例完蛋门”，创造了来俊臣主管时期监狱史上的一个奇迹。

官场老手狄仁杰与酷吏界霸主来俊臣的交锋，至此全胜出线。

武则天提审狄仁杰，问：“这认罪口供不是你写的？”

狄仁杰老实回答：“是我写的。”

武则天奇怪：“那你还翻什么供？”

狄仁杰继续老实回答：“要是当初不认罪，老臣恐怕早就被严刑拷打死了；要是现在不翻供，老臣恐怕就要被陛下亲手处死了。”

武则天一张老脸面红耳赤，继续问：“那你写这谢死表干啥？”

狄仁杰纳闷：“老臣没写啊。”

武则天找来笔迹鉴定专家一鉴定，才知道谢死表乃是伪造的。于是当场恕狄仁杰无罪。狄仁杰到死亡线上逛了一圈，终于从死神的手下捞回了一条老命。

但是，平白无故释放狄仁杰，总显得司法不太严肃，武则天脸上有些挂不住，于是判了狄仁杰一些轻罪名，贬到地方上去做七品芝麻官，不久才重新调回中央，官复原职，开始了第二次的宰相生涯。狄仁杰的威望达到了巅峰，武则天对他的信任也与日俱增，大小事情都与他商量。

譬如，立太子的问题。

武则天的两个侄子武承嗣、武三思成天跑到武则天面前，恳求立自己为太子。他们的理由很简单：武周王朝，应当由我们姓武的来继承，不应该再让姓李的来继承！

武则天犹豫之际，来询问狄仁杰。

狄仁杰并没有像一般的谏臣那样直言强谏，而是帮武则天换了一个思考问题的角度："哪，立太子这种事情呢，最关键的就是要立一个跟自己最亲的人了。立一个外人做太子呢，大家都是不想的。"

武则天点了点头。

狄仁杰继续说："侄子和儿子比，谁更亲呢？"

武则天悚然动容。

狄仁杰一边察言观色，一边趁热打铁："您要是立武承嗣或者武三思为太子，您将来只不过是皇帝的姑妈；而您要是立您亲儿子为太子，那您可就是皇帝的母亲了啊！哪一个地位更尊贵一些呢？"

武则天终于拍板，武承嗣、武三思彻底丧失了被立为太子的机会。狄仁杰这一手，既保证了武则天万岁之后自己不至于被武承嗣、武三思清算，也暗中埋下了李唐王朝复辟的伏笔。

狄仁杰为了防止武承嗣们的反攻倒算，还作了第二手准备：推荐张柬之。

武则天要狄仁杰推荐宰相的人选，狄仁杰推荐了荆州长史张柬之。武则天把张柬之提拔为司马。过了一段时间，武则天又让狄仁杰推荐人才，狄仁杰说：“不推荐了！上次给你推荐的张柬之，也没见你用。”武则天反问：“怎么没用？朕不是把他提拔为司马了嘛！”狄仁杰不慌不忙：“臣给陛下推荐的是宰相，陛下却只把他提拔为司马，这能算用吗？”

武则天没有办法，便把张柬之破格提拔到宰相的高位。

除了张柬之之外，狄仁杰还先后推荐、提拔了桓彦范、敬晖、窦怀贞、姚崇等人在显赫的位置上，在朝廷之内形成了一个完整而不可忽视的派系。武氏家族却很快遭到了李唐王朝的反攻倒算，政变的急先锋正是宰相张柬之。

狄仁杰遭到武承嗣、来俊臣陷害入狱，在监狱这种暗无天日的地方，并没有选择顽强抵抗、坚贞守节，而是识时务者为俊杰，暂时屈服，冷静观察形势，积极寻找时机以申冤昭雪。因为他知道，跟坏蛋和恶棍讲道理、讲品格，是讲不通的。古今在仕途上起起落落而屹立不倒之英雄豪杰，几乎无不有着这样能屈能伸的精神、明哲保身的智慧与坚韧不拔的意志。

「神探狄仁杰」的名号，就是在此期间家喻户晓。

聊公手绘

冯道侍奉有道之明君如李嗣源，就积极献策，努力开展各项建设性的事业，俨然一代明相；而当他侍奉无道昏君譬如晚期的李存勖，包括各朝的末代皇帝时，便尸位素餐，备员而已。这种“邦有道则智、邦无道则愚”的本事，使得他能够在乱世之中抓住罕见的清明时刻大放光彩，又能在风雨如晦的时节明哲保身。

冯道：元老重臣有大用

俗话说得好：一朝天子一朝臣。按照常理来讲，新的君主上台，都会带来自己的亲信和班底，而老君主留下的人马往往难以得宠。因此，在古代官场，“三朝元老”就已经堪称政坛常青树了。但是，在五代十国这样政权更迭如走马灯般频繁、令人眼花缭乱的时代，偏偏有一位人物，能够历事四朝五姓十个君主，稳居相位二十余年，堪称“不倒翁”。

此人，正是冯道。

冯道，如今已经成了一个脸谱式的符号。对于冯道的道德评价，自古以来正反双方口水仗不断。

诚然，冯道的成功有着很多因素的作用：时势造“英雄”、圆滑处世、明哲保身、韬光养晦……但是，其中最重要的原因，我认为还是冯道自己所总结的一句朴实无华的诗句：

但教方寸无诸恶，狼虎丛中也立身。

冯道，字可道。他的祖上，有的是面朝黄土背朝天的农民伯伯，有的是舞文弄墨的教师。冯道出身于这样一个中国乡土社会最普通的耕读世家，所以从小就是个谨慎踏实、孝顺父母、热爱学习的好孩子，最大的爱好就是读圣贤书和写文章。

冯道在家乡声名鹊起，他本人也怀抱着修身齐家治国平天下的美好梦想出仕了。他的第一个老板，叫刘守光。

刘守光是个什么样的人呢？首先，他是幽州军阀，独霸一方。此时已经是唐朝末年，做军阀是一份很有前途的职业，但是做军阀做到刘守光这个份上的，还是很罕见：他把自己的老爹非法拘禁，为了夺取地盘杀掉了亲哥哥，总之专门对自己的家里人下死手。宋人洪迈写《容斋随笔》，用了八个字点评此人：“庸奴下才，无足责者。”——平庸奴才，下等之人，骂他都是浪费笔墨。

跟着这样一个人渣中的极品，当然要处处小心。偏偏冯道当时年轻气盛，古书看多了，立志要做一个直言敢谏的忠臣。他多次直言不讳地劝谏刘守光不要不自量力地疯狂扩张地盘，这就逆了刘守光的逆鳞。

刘守光一怒之下，把他投进了大牢。

冯道在暗无天日的牢狱之中，感受到一种无助。书上表彰忠臣义士，可是事到临头才深刻体会到“千古艰难唯一死”。才出仕不久就遭遇到如此重大的挫折，冯道开始反思自己的价值观，重新审视这个已经礼崩乐坏、即将万劫不复的混乱时代。

反思结束，冯道充满自信地笑了一笑。他知道，从此以后他再也不会失败了。因为他摸透了在这个即将开启的超级乱世生存的法则。彻底觉悟之后的冯道，写下诗句：

莫为危时便怆神，前程往往有期因；
终闻海岳归明主，未省乾坤陷吉人。
道德几时曾去世，舟车何处不通津？
但教方寸无诸恶，狼虎丛中也立身。

在这阴冷潮湿的牢狱之中，冯道完成了一次涅槃。一个朝气蓬勃、满怀理想的年轻人就此死去，一个人情练达、洞明世故的老官油子悄然出世。

也亏得冯道运气好，他刚刚实现人生的转型，便有熟人替他活动，把他救出牢狱。从此以后，冯道成了一名好好先生，忠心执行刘守光交代的任务，再也不滥发指点江山的书生意气了。

刘守光对冯道很满意。但是不久，刘守光的倒行逆施终于到了头，被五代时期的大狠人李存勖干掉了。

主子都死了，冯道只好逃命要紧。他跑到太原，投奔了时任监军使的张承业。张承业可谓是冯道的第一个伯乐，他非但没有为难这个败军之将，反而把他收留在身边，负责文书工作；不久，又直接把冯道推荐给了李存勖，做了一名掌书记。

掌书记，也不过是写写文书、看人脸色的官儿，并不能够真正发挥冯道的作用。但是冯道甘之如饴，兢兢业业，毫无怨言。

真正让冯道崭露头角的，是他的一次抗旨。

李存勖是五代时期的一个英雄，当时正在进行灭梁大业，与梁朝夹河苦战。战局艰难，军饷吃紧，大臣郭崇韬提出："军中设官太滥，闲杂人员众多，请求裁减以节省开支。"郭崇韬提议的语气比较强硬，而他所针对要裁减的人员又都是李存勖一手提拔上来的。

李存勖本来最近作战不利就心情不好，听到郭崇韬的话，怒气值终于加满爆发："我连提拔几个将领的权力都没有，这主帅还怎么干？让他们另择高明，老子不干了！"说完，李存勖就让冯道立即起草布告，表达辞职不干的意思。

冯道不说话，慢慢地端起砚台，取出墨锭，滴几滴清水，开始慢悠悠地磨墨。李存勖坐在一边火冒三丈骂骂咧咧，冯道站在一旁缓缓磨墨优哉游哉。好半晌，李存勖看冯道还在磨墨，火气又上来了："你平时写个东西挺快，怎么今天磨个墨就这么半天？"

冯道气定神闲，不慌不忙地回答："臣在想，大王您受先王遗命，攻打梁朝，成功就在眼前。如今为了这么点小事儿，前功尽弃，实在有点划不来。况且仔细想想，郭崇韬说的也不是全错，大王您不妨息一时之怒，以争取万世之功。"

李存勖听到这话，犹如醍醐灌顶，顿然醒悟。不一会儿，郭崇韬也意识到自己的提议不妥，进来向李存勖道歉。全赖冯道之力，一场干戈化为玉帛。

李存勖与梁朝的决战还在艰难地进行。冯道身在前线，虽然处理的只是文书工作，但他与战士同吃同住，从不搞特殊待遇。他在军中只搭一个茅屋，室内不设床席，睡觉仅用一捆牧草。将士掳掠来的美女，送到他的房间来，他也从不接受；如果实在推却不掉，就把这女子另外安置在别的房间，绝不染指；等为她找到家人，再送她回家。

李存勖消灭梁朝，建立后唐，论功行赏，拔擢冯道为户部侍郎、充翰林学士。冯道从一个小小的秘书起步，迅速升迁到副部长的位置，其中甘苦不足为外人道也。

可惜的是，李存勖是个烂尾英雄。他做皇帝之后，宠爱伶人，把娱乐圈的当红明星全都纳入朝廷当官，这就是历史上的“伶官”。把朝政当娱乐事业来搞，自然搞得乌烟瘴气。冯道眼看李存勖要完蛋，便有了明哲保身的退心。正好此时他父亲去世，冯道便以为父守丧为名，申请丁忧。

冯道回乡丁忧期间，正好赶上天灾，颗粒无收。冯道拿出自己的工资，做慈善事业，救济贫困人口。他继续居住在破茅屋里，安贫乐道。

冯道在家乡赢取良好口碑之际，李存勖却在一次兵变中灭亡了。天下再度陷入无主状态，到处混战。冯道听到消息，急急忙忙赶回京城。旁人劝他且不要急着回去，先观望一下形势。冯道不听，毅然回到京城。此时，李嗣源已经平定叛乱，即位称帝。他刚好在询问手下：“冯道这人哪儿去了？他可是个好宰相！”话音未落，冯道风尘仆仆及时出现。李嗣源大喜过望，封冯道为端明殿学士。

凭着敏锐的政治嗅觉第一时间赶回京城的冯道，自此开始了火箭般的升迁：先被提升为兵部侍郎，继而被提拔为中书侍郎同中书门下平章事，也就是宰相。

李嗣源虽然是军人出身，但对冯道非常倚重。冯道一生为官的黄金生涯也在此时。他知道李嗣源是个粗人，便经常用一些身边实事来打动他。

有一次，冯道跟李嗣源说：“陛下，臣有一次在山路上行走。

那条山路格外凶险，臣战战兢兢小心翼翼，居然安然无恙走过去了；后来走到大平原上，臣兴高采烈、疏忽大意，结果摔了个跟头，您说好不好玩？”

李嗣源哈哈大笑。冯道接着说：“现在咱们也是刚刚经历了艰难困苦，走到大平原上来。希望陛下不要疏忽大意，跌了跟头。”同时背诵了一首《伤田家诗》以提醒李嗣源，把李嗣源感动得稀里哗啦。

除此之外，冯道对文化事业也很有贡献。他主持校定《九经》文字，雕版印书，成为我国官方刻印书籍的先行者之一。

李嗣源死后，冯道在李从厚手下继续做宰相；李从厚逃亡，冯道又以宰相之职领衔百官迎接李从珂入主朝政，深得历届皇帝信任。

五代十国，乱哄哄你方唱罢我登场。后晋灭了后唐，石敬瑭坐了皇帝位。他不但给冯道加官司空、同中书门下平章事、加司徒、兼侍中、封鲁国公，继续予以重用，而且优待恩宠远过于前朝。

石敬瑭有一次问冯道关于军事方面的事情，冯道回答：“陛下能征惯战，精通兵事，何必问臣？臣是个书生，只知道处理好手头工作，至于军事，一窍不通。而且军事这种事情，陛下应当独裁，不应该问臣。”石敬瑭听到这样的回答，非常满意。

后晋在五代中是个比较特殊的朝代，它是以契丹为后台老板的傀儡王朝，充当的是契丹在中原的代理人。因此，身为傀偏王朝首相的冯道，一项重要使命就是出使契丹。这种活儿，就是后世所称的汉奸卖国贼，最受世人鄙视唾弃。一般的官员出于珍惜清誉的考虑，一般都不愿意接这个烫手山芋。

但是冯道丝毫不以为意。他坦然接受了出使契丹的任务，而且圆满完成。所以后来石敬瑭死后，契丹索性消灭了后晋，直接君临中原之际，冯道继续保有荣华富贵。

耶律德光驾临中原，冯道率领百官朝见。耶律德光与冯道之间有一场精彩的对话。

耶律德光问："你为何来朝见我？"

冯道老实回答："无城无兵，不敢不来。"

耶律德光再问："你是何等老子？"

冯道忙不迭自贬："无才无德，痴顽老子。"

耶律德光第三问："天下百姓，如何可救？"

冯道继续谄媚："此时就算佛祖亲来也救不得，只有皇帝能救得。"

耶律德光被这个马屁拍得无比舒坦，当即封冯道为太傅。冯道在太傅的位置上，做了许多力所能及保护中原百姓的工作。所以，当时虽然少数民族大举入侵，中原却不至于惨遭荼毒，冯道是幕后功臣。

契丹被赶出中原后，刘知远建立后汉，冯道再次按照惯例以太师之职领衔群臣奉朝请。而郭威消灭后汉进入京城之时，冯道已经是官僚中的元老重臣，资格老得令郭威都不得不服软了。

郭威之后，接班人是年轻有为的英雄柴荣。正是在柴荣这个朝气蓬勃的年轻人身上，老官油子冯道第一次栽了跟头。当时柴荣要御驾亲征，冯道怕他出危险，极力谏阻。柴荣说："唐初天下大乱，不都是太宗皇帝亲自一一打平嘛。我现在亲征，正是以唐太宗为榜样啊。"

冯道倚老卖老顶了一句："陛下比得上唐太宗吗？"

柴荣年轻气盛，勃然大怒："你欺负我年纪轻吗？"于是御驾亲征没有带上冯道，而是把他留在后方料理郭威的后事。这是冯道失宠的表现。

不过，当时冯道已经七十三岁，没有能力也不想再与年轻的马屁精们争宠了。他静静地留在后方，生命之火逐渐熄灭，结束了他饱受争议的一生。

冯道能够在五代十国兵荒马乱的"狼虎丛中也立身"，绝非偶然。这个超级打工仔的事君秘诀，总结起来主要有三条。

第一条：洁身自好。

官场如战场，凶险异常，来自各个角落的明枪暗箭随时随地都在瞄准着冯道。只要他小有一点贪污受贿、任人唯亲，甚至于公款吃喝之类的小毛病，就会立即被对手抓住小辫子。但是冯道屹立官场数十载，光在相位之上就待了二十多年，成为举世无双的官场不倒翁，绝非偶然。他的个人修养非常之好，不仅奉行诸恶莫作的理念，而且还时不时抓住机会广积阴德，赢取良好的口碑。

第二条：邦有道，智；邦无道，愚。

冯道侍奉有道之明君如李嗣源，他就能够积极献策，并努力开展各项建设性的事业，俨然一代明相；而当他侍奉无道昏君譬如晚期的李存勖，包括各朝的末代皇帝时，便尸位素餐，备员而已。这种“邦有道则智、邦无道则愚”的本事，使得他能够在乱世之中抓住罕见的清明时刻大放光彩，又能在风雨如晦的时节明哲保身。

第三条：忍辱负重，圆滑处世。

冯道面对强大的契丹首领耶律德光，并没有如历朝历代的忠臣那样不卑不亢，而是选择了忍辱负重、自我损贬。他通过忍辱负重稳住了契丹族的首领，尽自己的最大努力保住了中原的衣冠文物免遭洗劫，更保住了中原的子女免遭生灵涂炭。

盖棺论未定，功过后人评。关于如何评价冯道这个特殊时代所产生的复杂人物，是个非常麻烦的问题，口水仗也还将不止不休地打下去。

偏偏有一位人物，能够历事四朝五姓十个君主，
稳居相位二十余年，堪称不倒翁。

聊公手绘

最难能可贵的是，姚广孝在到达仕途巅峰之际，能够功成身退，以袈裟作掩护，避免了兔死狗烹的传统功臣结局，死后哀荣无限，从而成就了穿着袈裟的一代帝师传奇。

姚广孝：身披袈裟的帝师之路

中国自古以来高僧大德代有人出。但是只有他——

出身于医学世家，本应当悬壶济世，却偏偏出家做了一个和尚；

做了和尚，入了佛门，却偏偏拜一个道士做师父；

拜道士做师父，本应该静读《道德经》，炼丹修仙，却偏偏最喜欢读儒家经典；

最喜欢读儒家经典，本应该修身齐家，却偏偏喜好奇谋妙计、为帝王师；

喜好奇谋妙计为帝王师，本应当出将入相、位极人臣，却偏偏隐居佛门、逃避乱世；

隐居佛门、逃避乱世，本应当终老林下，却偏偏在天下一统之后、太平盛世之时到处寻访明主，最终协助主人夺取江山；

协助主人夺取江山之后，本应当享尽荣华富贵、为子孙计，却偏偏弃官位如敝屣。

他，就是姚广孝，史上第一奇僧，身披袈裟实现了平常人难以做到的仕途奇迹！

姚广孝的祖辈都是悬壶济世的医生。但是姚广孝似乎对做医生毫无兴趣。他出生于元朝末年，预见到了天下即将大乱。姚广孝在十四岁的时候，就自作主张，落发为僧，从此遁入空门，法号道衍。

一入佛门深似海，从此功名是路人。

元末明初，诸侯割据，龙争虎斗，血雨腥风，成就了无数英雄豪杰可歌可泣的壮丽生涯。但热闹是别人的，姚广孝什么都没有。因为世间已无姚广孝，只有僧人道衍。

道衍当然也没有闲着。他身为和尚，却不肯认真读佛教经典，偏偏去拜道士席应真为师，学习阴阳术数之学。阴阳术数之学，今天看来似乎是迷信，但其实这是一门追求宇宙基本规律的学问。道衍精通阴阳术数之学以后，他发现整个世界都变了：在他眼里，不再有具体的纷繁世象万千，而只有阴阳二气的循环往复。一切变得简单而充满了可以捉摸的节律。

道衍闲来无事，有一次游览嵩山，在此地遇到了一个算命先生摆地摊。道衍当然对算命先生没有兴趣：我命由我不由天，岂是算命先生所能一语道破的？

不过这个算命先生也很神。他不像一般的算命先生那样故弄玄虚地招揽生意，而是直勾勾地盯着道衍看。好半晌，算命先生郑重其事地对道衍说："你是哪儿来的怪和尚！一对三角眼，长得像病虎，肯定嗜杀成性，将来要成为帝王师啊！"

道衍听到这话，又惊又喜：看来这个算命先生不是江湖骗子，居然说穿了我的心事！道衍对这位世外高人刮目相看，两人成为至交。

虽然算命先生称道衍是帝王师，但是天下的新一代帝王已经诞生了：朱元璋扫灭群雄，一统天下，改国号曰"明"。大明王朝逐渐走上正轨，太平无事。

帝王已经诞生，道衍一介贫僧，无功无名，有啥资格做帝王师？简直无异于痴人说梦。

道衍从来不是个甘愿坐守青灯黄卷、清心寡欲的人，他要时刻把握一切机会，积极入世，跻身仕途，成为帝王师。机会很快来了——朱元璋下令：天下但凡精通儒学的和尚，都可以来参加礼部的公务员招考，朕择优录用，给你们官做！

道衍当然不会放过这次机会，进京赶考。道衍学的一肚子旁门左道，对于当时大红大紫的程朱理学并不感冒，所以考试结果也可想而知。道衍大为失望，只好回家继续等待。

但是，历史留给僧侣的机会实在不多，很少有公务员考试会让和尚参加。道衍苦苦等待，在时光的流逝之中磨砺了耐心，增强了修养。但是，他内心那种火热的冲动，始终在熊熊燃烧，不曾冷却。

凉风已吹拂了多年，而道衍却依旧保持着当年的骄傲与激情。终于在四十七岁这一年等到了机会。

这一年，朱元璋的太太、著名的马皇后去世。朱元璋广招天下高僧，分配给各个儿子，让他们在诸侯国中修造寺庙，为马皇后的英灵诵经祈福。道衍当然不肯放过这个机会，积极应征。这时候，道衍已经在佛教界混出比较大的名气，成为当时的知名宗教人士，再加上朝中有人推荐，便顺利入选。

朱元璋把儿子们和高僧们聚集到一起，准备要皇子们择优挑选。在朱元璋的众多儿子中间，道衍一眼就看中了四子朱棣。

道衍看上了朱棣，朱棣却瞧不上道衍：这和尚长了一对三角眼，体态臃肿，其貌不扬，还病恹恹的，真没劲。朱棣正想重新找个好和尚，道衍却主动跑过来跟朱棣说："王爷，贫僧愿给您献上一顶白帽子。"

换成普通的白痴王爷，一听：白帽子？我家又没死人，为啥要戴白帽子？肯定要立即发飙。但朱棣何等聪明：我现在是王，王头上加个白帽子，乃是个"皇"字。看来这和尚话中有话啊！

朱棣当时就向朱元璋请求：我就要这个道衍和尚了。

朱棣被封在北京做燕王，他带着道衍回国，任命他为庆寿寺的住持。在一般和尚看来，这实在是个令人眼馋不已的职位：道衍平白无故而得王爷青睐，从一个一文不名、没有职称的和尚，一举登上了住持的宝座，真是交了狗屎运啊！但是在道衍眼里，一个住持的职位实在形同无物。

道衍可能是最不称职的住持了。他最经常待的地方，不是庆寿寺，而是王府。道衍三天两头跑到王府，找朱棣聊天，核心的主题只有两个字：造反。

朱棣虽然是野心最大的王爷，但也不禁用诧异的眼光看道衍：我堂堂一个王爷，都不敢轻谈造反；你一个和尚，成天嚷嚷着要造反，这算咋回事？

功夫不负有心人。在道衍六十四岁这一年，朱元璋病逝，长孙朱允炆即位，是为建文帝。建文帝即位之后，在几位大臣的撺掇之下开展“削藩”的活动，把好几位王爷都给解决了。

削藩的开展，带给了朱棣极大的危机感。他不想坐以待毙，但是又实在没有信心造反：以燕国小小一个藩国的区区兵力与中央搞对抗，实在无异于以卵击石！

朱棣畏首畏尾，道衍倒是胆大包天。他找来了当年结交的那个算命先生，把他引荐给朱棣。这位算命先生告诉朱棣：“您命中注定要成为帝王，千万不要辜负老天赐予您的好命！”

朱棣吃了定心丸，这才放开手脚招募精兵死士，囤积粮食，联络其他的藩王，为即将到来的军事作战做准备。

终于，建文帝觉得时机已经成熟，开始把“削藩”的目标瞄准了朱棣：他要拿他的四叔开刀了。朱棣早就为此作了长期的准备，这时候便以“清君侧”为名，举众起兵，开始了南北对抗的“靖难之役”。

战争期间，道衍做了以下几件事情：

第一，留守北京，坐镇燕国，打退了明军的几次偷袭和包围战，为朱棣解决后顾之忧。

第二，在朱棣折损大将张玉、关键时候掉链子想要临阵退缩的时候，道衍积极为朱棣励志，坚定他造反的信心。

第三，在朱棣围困济南四个月之久依然无法攻克的情况之下，劝说朱棣班师休整，避免了在士气低落、战斗力锐减的情况下被敌人围剿的恶果。

第四，为朱棣确立了“不要攻打周边城池，长驱直入攻克南京”的基本战略方针，从而使得朱棣避免师老兵疲、打消耗战阵地战的劣势，集中优势兵力消灭主要敌人。

在道衍的大力帮助之下，朱棣终于一次又一次打败了强敌，实现了造反史上的一个奇迹。道衍虽然自始至终都没有亲临前线，但是朱棣攻克南京、即位称帝之后，评道衍为功劳第一。

朱棣论功行赏，命令道衍还俗，恢复出家之前的姓——姚，又赐名为广孝。朱棣封姚广孝为资善大夫、太子少师，送给他一所大宅子和两名美女。

但是姚广孝何等聪明，他深知功高震主的道理。他一生饱读史书，看惯了“兔死狗烹、鸟尽弓藏”的惨剧，当然不会重蹈覆辙。姚广孝退还了大宅子和美女，每天退朝之后就脱下官服，披上袈裟，回到寺庙里面做和尚，不同意还俗。

姚广孝实现了他的仕途奇迹。他以这样的行动，来打消朱棣的顾虑，表示我姚广孝愿与尘世一刀两断，从此再不管红尘中事。

看到姚广孝这样的表现，朱棣当然放了心。于是，他不再勉强姚广孝，而让他处理全国的宗教事务。另外，朱棣还让姚广孝负责编修《永乐大典》，为文化事业出力。

无论是主管宗教事务还是主编《永乐大典》，都是无关国计民生的闲差事。姚广孝以一身袈裟的装扮，终于消除了雄猜之主朱棣的戒心。

1418 年，八十五岁的一代奇僧姚广孝去世。朱棣为之停止上朝两天，以对这位帝王之师表示哀悼。

对于天下有才能之士来讲，最佳的入世时机当然是元末群雄逐鹿之时。但是姚广孝却偏偏避开了这个风头，选择在太平岁月撺掇燕王造反，实在是一步高明的险棋。其高明之处在于：

首先，元末群雄逐鹿之际，各派势力蜂起，实在难以判断究竟谁才是命世之主。一旦判断失误，那么难免伴随跟错的主人身首异处。而如果等到尘埃渐渐落定、朱元璋一家独大之时再入世，那么肯定难以得到朱元璋的信任，自然也就做不到大官了。

其次，元末明初之际，高人众多。比如徐达、汤和、常遇春、李善长、刘基……个个都是能征惯战的名将与多谋善断的军师，与这些人竞争，姚广孝并没有自己的优势。

因此，姚广孝选择了避开风头。

姚广孝成功的第二个要点，在于能够选对人。朱元璋的儿子众多，其中不乏野心家。但姚广孝相中朱棣，并且能够持之以恒地劝服朱棣造反，眼光不可谓不毒辣，心思不可谓不大胆。

最难能可贵的是，姚广孝在到达仕途巅峰之际，能够功成身退，以袈裟作掩护，避免了兔死狗烹的传统功臣结局，死后哀荣无限，从而成就了穿着袈裟的一代帝师传奇。

道衍三天两头跑到王府，找朱棣聊天，核心的主题只有两个字：造反。

聊公手绘

李光地可以欺瞒一时的舆论，却难以欺骗历史，难以堵住千载悠悠之口，更骗不过他自己的良心。无论做人做官，都应当以良心为本。不坏良心的基础之上使用权谋，才是长久之道。李光地赢在了当时，却败给了历史。

李光地：清朝上演的“无间道”

卧底，恐怕是太阳之下风险系数最高的职业了。尤其是当卧底的身份难以证实，卧底的功劳被人抢走，则更是有苦难言，只好打落牙齿和血吞。清朝康熙年间，李光地就靠玩一手出神入化的“无间道”功夫，把一个卧底朋友的功劳统统抢光。

李光地，福建泉州人。他的祖上是唐朝开国功臣李靖。李光地的爷爷听了风水大师的话，搬迁祖坟，效果果然明显，大概是由于祖坟上冒青烟的缘故，李光地生来聪颖无比，是个神童。他五岁的时候就入私塾学习，不管什么诗词曲赋文章，翻看一遍就能背诵，把私塾老师都给吓跑了，连连摆手说：“这孩子太神了，俺们才疏学浅教不了！”

神童李光地长到二十出头的时候，参加乡试，毫无悬念考中；不到三十岁，进京赶考，再度高中进士，在京城谋了个翰林院编修的差事。

事情发生在李光地三十二岁回家探亲的这一年——1673年。这一年，南方的三藩之一——吴三桂正式起兵造反。

三藩是历史遗留问题了。明清之交，吴三桂、尚可喜、耿仲明三个明将投奔后金。这三个人反戈相向，杀起明军来丝毫不心慈手软，为清朝定鼎中原立下了汗马功劳，所以被封在云南、广东和福建，成为三个藩王，史称“三藩”。三藩犹如三颗毒瘤，盘踞在清朝的南疆，成了极其危险的定时炸弹。

康熙皇帝尽管还不到二十岁，但他雄才伟略，有志于拆除这三颗定时炸弹。随着他的动作越来越加快，三藩也产生了危机感。他们坐拥大军，当然不甘心当鱼肉任人宰割。所以，李光地回家探亲的这一年，吴三桂率先发难，盘踞云南反对清廷。

到了第二年，耿仲明的孙子耿精忠在福建造反；尚可喜在广东造反。台湾郑成功的儿子郑经，这时候也跑来凑热闹，弄了几条船在东南沿海游弋，时不时搞点儿小破坏小骚扰。大清王朝的半壁江山迅速沦陷，三藩的兵势咄咄逼人。

三藩虽然都是草头大王，但也懂得人才重要的基本道理。耿精忠造反之后，头等大事就是派出猎头、星探，四出打探哪儿有人才。远方的人才，耿精忠发聘书邀请；近处的人才，耿精忠直接派人或亲自登门、三顾茅庐，强行“请”来。

李光地同时收到了来自台湾郑经和福建耿精忠的两封聘书。他犹豫了。

看目前的情势，三藩势力强盛，三藩渡过长江驱逐清朝，看来指日可待。而我李光地如果能够在此时归顺耿精忠，便可以成为从龙之士，将来荣华富贵应有尽有！谁还稀罕一个小小的翰林院编修？

李光地有着老鼠般的警觉，他并没有贸然行事，而是先保持观望态度，让他的叔叔潜入福州打探消息。

君择臣，臣亦择君。李光地要验一验耿精忠的成色，看看他究竟是只纸老虎还是一只真老虎。

花开两朵，各表一枝。话说当年与李光地同榜中进士的，还有一位福州人——陈梦雷。此人也是学富五车，当年与李光地相见恨晚，结为至交。无巧不成书，陈梦雷中进士之后，也在清朝做了翰林院的编修，这段时间也正好回家探亲。他刚回到福州，正赶上耿精忠造反，强行邀请他出任伪政权的翰林院编修。

陈梦雷这人比李光地有骨气得多，誓死不从。耿精忠一怒之下，用了一个无比搞笑的招数来对付陈梦雷：“你不出任俺的翰林院编修，俺就降你的职、贬你的官，让你降级为吏部员外！”

对耿精忠这种过家家式的自说自话的降级处分，陈梦雷当然嗤之以鼻。他在家装病，说自己得了各种绝症，没法儿当官，企图用这种办法跟耿精忠耗着。就在这时候，李光地的叔叔兴冲冲地跑到福州来了。

陈梦雷见李光地的叔叔来了，非常纳闷："什么风把您老人家吹到这儿来了？"

李叔叔兴致勃勃："俺家光地要来福州当大官儿啦，让俺过来探探路。"

陈梦雷大吃一惊："李光地怎能做出这种无父无君之举？这是凶地啊，我想逃都逃不出去，他居然还想进来？"

李叔叔叹口气："是啊，人生就是一场围城啊！"

陈梦雷力劝李叔叔阻止李光地来福州，李叔叔怏怏地走了。陈梦雷还不放心，又派家人跟着李叔叔，一起去劝阻李光地。

但是陈梦雷晚了一步。李光地见三藩的势力越来越大，一路势如破竹，便急不可耐，不等叔叔归来，就一路狂奔五百里，从泉州亲自跑到福州来了。他先面见了耿精忠，狂拍马屁、献殷勤，见博得了耿精忠的欢心，这才放下心来，得意扬扬地来见陈梦雷。

陈梦雷气得要吐血。他命令家人关上大门，死活不肯见李光地。李光地一头雾水：我跑到福州来跟你同甘苦、共患难，你为啥不肯见我？于是在门口也赖着不走，一个劲儿砸门。

陈梦雷的老爸看不过去了："孩子，你们有话坐下来好好说，一个顶着门，一个砸门，算是怎么回事啊？”

在老爸的调解之下，陈梦雷终于暂时咽下胸中这口恶气，开门让李光地进来。两人进了一个小密室，陈梦雷这才开始给李光地讲形势：耿精忠有多么的脑残，他的部下有多么的白痴，三藩的兵力有多么的外强中干，清兵的军事潜力有多么的深不见底……

随着陈梦雷讲解分析的步步深入，李光地的脑门上豆大的汗珠一颗颗凝结起来，缓缓滚落，最终落地。他这时候才彻底后悔自己行事鲁莽，居然放着好好的锦绣前程，跑到贼窝里来。

李光地傻乎乎地问：“那你说咱现在怎么办？”

陈梦雷仍然保持冷静。他见李光地已经幡然悔悟，便说：“这样吧，我留在这儿当卧底，稳住耿精忠。你找个借口，赶紧从山路跑回去，把耿精忠的底细通通汇报给朝廷。”

李光地看着陈梦雷，不说话。

他非常清楚，陈梦雷继续留在此地，实在是九死一生。但是，他没有更好的办法。如今面临这样的境况，只有保命为上。

陈梦雷见李光地还在犹豫，以为他担心家人的安全，便再给李光地吃一颗定心丸：“你放心。你走了以后，你爹就是我的亲爹，你娘就是我的亲娘。我以全家八口人的性命，在耿精忠面前担保你全家无恙！”

李光地握了握陈梦雷的手，满眼含泪：“你先在伪政权委屈一下。等我大功告成，我一定帮你洗白，替你邀功！”

两人挥泪诀别，分道扬镳。

李光地找到耿精忠，耿精忠正沉浸在李光地刚才的马屁中喜滋滋地无法自拔。李光地哭丧着脸，向耿精忠请假：“我老爸病危，我得回去在床头尽孝；您这样大仁大义、深明大义的君主，一定会批准吧？”

耿精忠一听，更舒坦了：“回去吧！早去早回，俺喜欢听你说话！”

李光地得到批准，一溜烟从山路逃跑。他回到家后，立刻给康熙皇帝写信：

皇帝陛下：

耿精忠造反之后，臣就躲进深山老林。无奈臣的名气实在太大了，他们一趟一趟跑来拉臣入伙，死活要给臣封个丞相啊什么的做做。臣一哭二闹三上吊，死活不肯，这才保全名节啊！

另纸附有破敌之策，内详。

李光地

后面附的纸上，仔细分析了耿精忠的军力部署及其薄弱之处，并且给出了建议进兵路线与破敌之策。这些当然都是陈梦雷告诉李光地，李光地照着记忆写下来的。

李光地把这封信揉成小团儿，塞进蜡丸里面，找了个能干的仆人夏泽，让他贴身携带，进京面圣。

夏泽一路跋山涉水、历尽艰险来到京城。但是，要见皇上谈何容易？他只好四处求达官显贵在上朝的时候把这封密函交给皇帝。这些达官显贵听说夏泽是从福建过来的，谁能担保你不是耿精忠的奸细？多一事不如少一事，我们才不给你通报呢。

夏泽求爷爷告奶奶，遇到的都是冷漠的面孔，眼看走投无路，终于有一位官员被说动了——李光地的老乡、学士富鸿基。

富鸿基把蜡丸呈献给康熙皇帝，康熙拆开看了，大为赞叹：原来我朝还有这样陷身贼窝而坚贞不屈的好男儿啊！于是下谕旨："兵部，好好研究和分析李光地密函中提出的建议，考虑是否可行；前线各军，务必细心寻访李光地的下落，尽最大努力把他救离贼窝！"

经过几年的苦战，形势终于大逆转。

清军长驱直入，收复泉州之后的第一件大事，就是遵照上谕寻找李光地。清军在找李光地，李光地也在找清军。终于，双方相遇，李光地牢牢握住清军的手，老泪纵横："可找到组织了！"

清军将领把福州沦陷区的功臣名单汇报给康熙，其中李光地的名字赫然在目，而陈梦雷则榜上无名。康熙得知找到李光地了，大喜过望，破格把他从一个没有实职的翰林院编修一举提拔为四品的侍读学士，宣他进京面圣。康熙要好好看看这个身陷敌营而忠勇不屈的金牌卧底。

可怜陈梦雷，这个真正的金牌卧底，现在还被蒙在鼓里。

李光地临走之前找到陈梦雷，说："你报国之事不止一两件，我这次面见圣上，一定会替你一一禀告，敬请放心。"

陈梦雷之前为了保护李光地的家人，为了稳住耿精忠，不惜出任伪政权的职务。他现在不但没有上功臣名单，反而上了伪政权战俘的黑名单。而知道陈梦雷真实情况、能够替他洗白辩诬的，只有李光地一人而已。陈梦雷把满腔希望都寄托在了李光地身上。

李光地还没来得及起程，他的老父亲便去世了。李光地没有办法，只好在家丁忧。福州刚刚经历过一场大乱，治安情况很差，一些小股的流匪经常四处作乱，李光地组织乡勇，把这些人一一打退，还及时联络清军主力前来清剿。

李光地在丁忧期间，居然能有这样神勇的表现，再一次打动了康熙的心。他下诏表彰："李光地之前身陷贼窝，而能一心向着朝廷，独自上疏陈破敌之策；如今丁忧期间，又屡立奇功。优授为学士，丁忧期满就进京任职。"

李光地接到圣旨，感觉陈梦雷的事情有点儿不大好开口了。之前我李光地上疏，署名只有我一人而已；现在上至皇帝、下到百官，都以为是我一人之功，才会对我前后恩赏；倘若我爆出还有一个陈梦雷深入敌后且当居首功，那他岂不是要抢尽我的风头？

李光地思忖已毕，决心将此事隐瞒到底。

如果我不说，功劳是我一个人的；如果我说了，功劳的大部分是陈梦雷的。僧多粥少，不如我一个人吃独食拉倒。

李光地给康熙回了封信，表示：这次之所以能够击退流匪和郑经，维护地方治安，全仰赖各位将帅的功劳，我李光地没有尺寸之功，无功不受禄。希望皇上收回成命。

这是一招高明的以退为进的招数。皇上下的圣旨，乃是金口玉言，当然没有无故收回的道理。而李光地这一番谦让，却能够为他赢得一个绝好的口碑。

果然，康熙收到信后，一方面表示“已有成名，不必辞”，一方面却对李光地留下了良好的印象。所以，在李光地丁忧期满进京赴任的时候，直接给了他一个内阁学士兼礼部侍郎的高位。

而陈梦雷这名真正的金牌卧底，则彻底被打入“出任伪政权官职”的叛徒黑名单，发配边疆。

无法洗白的卧底，等于真正的坏蛋，甚至于比真正的坏蛋更为凄惨。

李光地通过彻底拉黑陈梦雷这个卧底、从而抢夺其功劳的办法起家，在家闲居数年的情况之下，就从一个没有实际职位的翰林院编修一下子飞升到内阁学士兼任礼部侍郎的高官位置。

李光地可以欺瞒一时的舆论，却难以欺骗历史，难以堵住千载悠悠之口，更骗不过他自己的良心。无论做人做官，都应当以良心为本。

李光地赢在了当时，却败给了历史。

李光地
陈梦雷
清朝康熙年间，李光地就靠玩一手出神入化的「无间道」功夫，把一个卧底朋友的功劳统统抢光而平步青云。
聊公手绘

图书在版编目 (CIP) 数据

趣历史：那些耐人寻味的历史故事 / 秦涛著 . —北京：中国法制出版社，2019.8

ISBN 978-7-5216-0413-9

Ⅰ . ①趣…　Ⅱ . ①秦…　Ⅲ . ①中国历史—通俗读物
Ⅳ . ① K209

中国版本图书馆 CIP 数据核字（2019）第 165373 号

责任编辑：李佳　刘冰清　　　　封面设计：仙境设计

趣历史：那些耐人寻味的历史故事

QU LISHI：NAXIE NAIRENXUNWEI DE LISHI GUSHI

著者 / 秦涛

经销 / 新华书店

印刷 / 三河市紫恒印装有限公司

开本 / 880 毫米 ×1230 毫米　32 开　　　印张 / 7　字数 / 133 千

版次 / 2019 年 8 月第 1 版　　　2019 年 8 月第 1 次印刷

中国法制出版社出版

书号 ISBN 978-7-5216-0413-9　　　定价：36.00 元

北京西单横二条 2 号　邮政编码 100031　　　传真：010-66031119

网址：http://www.zgfzs.com　　　**编辑部电话：010-66034985**

市场营销部电话：010-66033393　　　**邮购部电话：010-66033288**

（如有印装质量问题，请与本社印务部联系调换。电话：010-66032926）